Elftraud von Kalckreuth

Ángeles

*Todos podemos ser un ángel
para otras personas*

Bonum

Traducción del original en alemán
Engel für andere. Auf Rafaels Spuren

Elfraud, Kalckrenth von
   Angeles : todos podemos ser un ángel para otras personas.

     Traducción de: Evelina Blumenkranz

1. Angelología

Ilustración de tapa: Ángel músico de Melozzo de Forli.
Diagramación de tapa e interior: Panorama
Traducción: Evelina Blumenkranz

*Una historia
escrita en Palestina en el año 200 antes de Cristo.*

*Tobit, un judío religioso, respetuoso de lu ley y caritativo,
vive con su esposa Ana y su hijo Tobías
en el exilio en Asiria.
Él pierde todos sus bienes,
queda ciego a causa de una coincidencia trágica
e impone pruebas tan difíciles a su fe
que sólo desea para sí la muerte.*

*Al mismo tiempo, una familiar lejana, la joven Sara,
se desespera en tal forma por su vida
que también ella desea morir.*

*Tobit y Sara imploran ayuda a Dios
y Dios envía a su ángel Rafael para ayudarlos.*

*Rafael
acompaña a Tobías, el hijo de Tobit,
en un viaje
que lleva a la madurez y crecimiento de Tobías,
al giro feliz en la vida de Sara,
y finalmente a la curación de la ceguera de Tobit.*

Prólogo

Cada uno de nosotros habrá tenido alguna vez la sensación de que una amiga bondadosa o un compañero de viaje en el tren resultó un buen ángel. Por ejemplo, alguien soportó junto a nosotros un trayecto difícil, alguien estaba precisamente allí en el momento adecuado, nos dio valor, nos devolvió la fe en la propia fuerza o la certeza de que todo tiene sentido. ¿Un ángel?

¿Podemos –sin pensar de inmediato que ya en vida debemos ser ángeles– ser a veces un ángel para los demás? ¿Cómo se vería esto? ¿Existen experiencias, ejemplos o modelos de ello?

Quizá a veces seamos ángeles para otros sin saberlo. Si lo supiéramos, seguramente nos sentiríamos inseguros; pues si alguien nos dice: "¡Usted es un ángel!" replicaríamos tímidamente: "No hice nada especial y tampoco soy tan noble". ¿Los ángeles son nobles? ¿Hacen cosas espectaculares, sensacionales? ¿En qué se diferencian de las personas absolutamente normales?

Cuando uno de mis amigos le llevó a una anciana su pesada bolsa de compras hasta la casa y ella le dijo: "Usted es un ángel", naturalmente él no quiso escucharlo. Pero ella insistió: "Sí, un ángel es simplemente alguien que está en el momento adecuado en el lugar adecuado y que realiza lo correcto". ¿Tan simple?

Una de mis amigas, una mujer inteligente y sensata que en la década del cuarenta debió soportar como judía cosas muy difíciles en los campos y a quien la vida tampoco le fue fácil posteriormente, se denomina conscientemente, desde que la conozco, atea. Precisamente ella me contó acerca de dos personas que "realmente eran ángeles". Cuando le consulté qué era lo particular que ellas tenían que las convertía en ángeles, tras dudar unos instantes, respondió: "Eran tan humanas".

¿Qué nos permite reconocer a los ángeles? ¿O en qué notamos que por un tiempo nos hemos convertido en un ángel para otra persona? Y si existe algo así y debemos estar preparados para ello, ¿quién puede servirnos como modelo? ¿Y cuál es realmente la misión de los ángeles?

Si buscamos en la Sagrada Escritura, existen mensajeros de Dios que aparecen para anunciar algo grandioso. Y ellos mismos son grandiosos, por eso al comienzo de su aparición figura siempre la expresión "¡No temáis!" Pero también existen los otros, los que se unen por un momento al desafío y piden una decisión, como el ángel con el cual Jacob luchó y peleó una noche junto al río. Existen también ángeles de la guarda que, como su nombre lo indica, están junto a nosotros durante toda la vida. Y, finalmente, existen aquellos que aparecen en el momento adecuado para ayudarnos, o que nos acompañan durante un tiempo. A veces también puede ser uno de nosotros, una persona, que está para el otro como compañero de viaje.

Todos somos compañeros y compañeras de viaje, ya sea como amigos o como pareja, como padres para nuestros hijos o como hijos para nuestros padres, como vendedora para los clientes, como maestro para los alumnos y como alumnos para el maestro, como terapeuta o acompañante espiritual, como política o gerente de empresa, como un conocido casual en el tren o un flirteo durante las vacaciones, como interlocutor de chat en Internet o como compañero de sufrimiento en la sala de espera repleta de gente de un consultorio médico, o en un encuentro casual en el quiosco de diarios cuando intercambiamos nuestro estupor por los titulares. En cada ocasión somos compañeros de viaje. Quizá por un breve instante, o por un trayecto corto, o quizá para el camino a lo largo de toda la vida.

¿Cuál es el secreto que se oculta detrás de esta extraña transformación que nos ocurre cuando compartimos con otro durante un tiempo y no sólo nos sentimos bien sino también sesudos y ricos en ideas, inclusive a veces sabios? ¿Qué hay detrás, cuando en presencia de otro rebozamos de vivacidad, chispa y fantasía?

¿Qué ha sucedido cuando después de un encuentro nos sentimos apáticos, agotados o incluso deprimidos por motivos incomprensibles? ¿Cómo ocurre que después de conversar con una persona tenemos la desagradable sensación de ser más pequeños, más insignificantes y tontos que nunca? Ambas cosas podemos provocarlas como compañeros de viaje.

Avanzamos una porción juntos y, mientras tanto, podemos fortalecernos mutuamente y saborear energía, podemos inspirarnos o cuestionarnos, podemos cargarnos o estimular mutuamente nuestra madurez, nuestro crecimiento, y compartir conocimientos y perspectivas. Podemos pasar el tiempo o expulsar el malhumor. Podemos aligerarnos o dificultarnos mutuamente. Y todo eso, por cierto, no se refiere únicamente al instante actual sino que se mantiene a lo largo del día, quizá inclusive del resto de nuestra vida, ¿quién lo sabe?

Compañeros de viaje. También los libros pueden acompañarnos de manera similar y convertirse en compañeros de viaje. Algunos se unen a nosotros en el momento preciso para ayudarnos en el curso de ideas recién emprendido, o cuidadosamente nos sacan de un callejón sin salida. También los libros pueden hacernos pasar el tiempo, o el malhumor. Algunos son compañeros de viaje durante toda la vida. A uno de mis amigos lo acompaña desde hace décadas *El juego de las perlas de cristal* de Hermann Hesse. Otro lee la novela de Dostoievski *El idiota* al menos por décima vez desde que era muy joven. Siempre lee el libro con nuevos ojos y cada vez comprende algo más de su propio mundo, de su propia realidad.

Yo encontré desde hace décadas un compañero de viaje en el Antiguo Testamento, en el libro de Tobit: Rafael. Como sucede también con las personas reales, una y otra vez mantengo mentalmente conversaciones con este libro, con el ángel Rafael, pero también con Tobit, Ana, Sara y Tobías. Siempre encuentro nuevos modelos en la compleja maraña de relaciones múltiples que se extienden a lo largo de esta historia, y cuando vuelvo a tomar el libro en mis manos, algo de lo que recordaba escrito en el texto, en verdad no existía y en cambio descubro otras cosas que parecerían no haber estado antes. Seguramente se debe a que existen distintas versiones de esta historia. En algunas ediciones de la Biblia la buscamos en vano, en otras figura como "Libro de Tobías", y ambos, padre e hijo, llevan el mismo nombre: Tobías. En una edición encontramos –para citar sólo un ejemplo– que Sara se asoma a la ventana para rezar. En el correspondiente párrafo de otra versión ella se retrae al aposento superior de la casa, durante tres días y tres noches no come ni bebe y no deja de rezar y llorar. Ambas posturas de la oración –por distintas que sean– son acordes en esta situación pero expresan algo totalmente diferente sobre Sara y sobre su manera de manejarse en la aflicción o las crisis.

Pero no sólo las diversas versiones y traducciones, también la respectiva actitud propia o la situación de vida en la cual me dispongo a leer me hacen ver siempre con ojos distintos aquello que está escrito, y en cada oportunidad el libro, el ángel Rafael, las distintas figuras de esta historia se convierten para mí en compañeros de viaje y sirven para la orientación, principalmente cuando reflexiono acerca de lo que puede ser –debe ser– una buena compañía para el viaje.

Más allá de lo poco que existe en cuanto a imitaciones, interpretaciones o meditaciones sobre el libro de Tobit, mi libro no pretende estrechar la visión a través de la explicación, interpretación, psicologización o análisis histórico como si mis ideas y asociaciones fueran las únicas adecuadas. Quisiera estimular en cambio a ver con una mirada nueva y despierta la propia historia del camino sobre el fondo de este relato bíblico, y complementar esta historia a través de iniciativas e impulsos propios.

Dado que allí se trata de cuestiones absolutamente cotidianas, de procesos de maduración y aprendizaje, de transformación, de la disposición a tomar seriamente la necesidad, de la sanación, del enfrentarse al temor y las experiencias de fe, no podemos leerla y vivenciarla sólo con intriga sino también incorporarla a nuestra historia de vida. Podemos ampliarla en los pensamientos o continuar su relato; podemos identificarnos una vez con Rafael, el compañero de viaje; otra vez con Tobías, cuyo camino de vida evoluciona y se desarrolla; una tercera vez quizá con Tobit, Sara o Ana; es decir, con personas que experimentan sanación al dejar en libertad, al admitir, al dejarse obsequiar.

Quisiera compartir con usted en este libro algunas de las cosas que he leído en esta historia y que he reconocido en ella, lo que he descubierto de ayuda y apoyo para el acompañamiento del camino y para mi propio camino, como estímulo o advertencia, como aliento o clarificación.

Pérdida de sentido

Crisis existencial y deseo de muerte

Si queremos orientarnos por Rafael como compañero de viaje y seguimos la historia relatada en el Libro de Tobit, ya en el primer momento cuando Rafael se une a Tobías, Tobit y Sara, caemos en una situación extrema. La mera representación de tener que estar junto a una persona en una crisis profunda similar y sin salida, intranquiliza y atemoriza.

Quizá sea más fácil reflexionar, si nos adentramos en tal situación, sentir qué desearíamos nosotros de un compañero de viaje o de un ángel.

Muchos de nosotros, muchos más de los que suponemos, ya llegaron alguna vez hasta el punto de pensar: "No quiero más. Así no puedo continuar viviendo". Seguramente, en medio de todo el desamparo frente al deseo de muerte, habrá existido a lo sumo un: "Si hubiera alguien que me pudiera sacar de lo que me parece insoportable, sin perspectivas, del dolor o el anhelo insatisfecho, del temor ante el fracaso, de la sensación de haber fracasado, de la desesperanza o la falta de sentido. Salir de aquí al menos por un rato, o al menos lo suficientemente lejos de esta situación de manera que pueda volver a ver más que la pared delante de la cual me encuentro".

Si recordamos un tiempo en el que nosotros mismos o un amigo o una amiga nos encontrábamos absolutamente sin saber qué hacer, probablemente nos acordemos de alguien que en ese momento nos ayudó a ponernos de pie, que estuvo allí para nosotros, que quizá nos alejó del conflicto llevando nuestra atención hacia donde somos importantes, que nos hizo tomar conciencia de nuestras propias fuerzas, o que simplemente nos llevó durante un tiempo a su casa para que pudiéramos volver a respirar. La mayoría de estas historias en las cuales las personas no saben qué hacer tienen un final feliz o encuentran cómo seguir avanzando bien. Vale la pena el recogimiento, y vale la pena observar qué o quién nos provocó el giro, y también cómo. A veces podemos aprender de los ángeles algo que en realidad no es especialmente complejo y rebuscado sino más bien sencillo y cotidiano.

Siempre es el momento adecuado para un ángel, para reunirse con él, pero más aún cuando las personas están en su punto más hondo, cuando están en un callejón sin salida, cuando todo parece tan oscuro y desesperante que desean no seguir viviendo, o al menos, no seguir viviendo así. Sólo podemos asombrarnos de lo natural pero también sorprendente e imprevisible de la ayuda del ángel Rafael. Veremos que lo que hace de él un buen acompañante generalmente no es algo espectacular. No es nada sobrehumano lo que realiza sino algo verdaderamente humano. Cosas para las que no necesitamos ser "santos", para las que no requerimos estudios de psicología ni cursos de conducción de diálogos, puesto que son innecesarios para escuchar con atención al otro, para dar valor a otro, para acompañarlo —o sea, no escapar cuando la vida se torna difícil— y para fortalecer la confianza y la confianza en sí mismo. En el transcurso de esta historia sobre la obra de Rafael, se verá una y otra vez que es humanamente posible acompañar a otros en situaciones difíciles; se observará que es posible que los otros no nos vean como un "ángel" pero sí que sientan confianza y seguridad, como si un ángel hubiera estado con ellos.

Observemos por lo tanto el comienzo de la historia.

Allí está el honesto Tobit, quien se mantuvo contrario a la hostilidad del medio ambiente, a la tendencia del tiempo y permaneció siempre fiel a la tradición religiosa, inclusive en el exilio y en la diáspora; un hombre recto, siempre temeroso de Dios, misericordioso y caritativo hasta el sacrificio personal. Él arriesga su vida una y otra vez, inclusive cuando entierra secretamente a sus correligionarios que han sido ejecutados bajo un régimen arbitrario y despiadado, y cuyos cadáveres hubieran sido expuestos a la falta de dignidad. Para enterrar a un correligionario él ha abandonado la comida en la festividad de Pentecostés, ya que no podía permitirse celebrar cuando sabía de la penuria de los otros. Al regresar, no va a la casa sino que duerme en el patio. Sobre él anidan gorriones que dejan caer su excremento caliente sobre sus ojos. Las cauterizaciones resultan inútiles, ningún médico puede ayudarlo y queda ciego.

Ahora está sentado en su casa, condenado a la inactividad. Después de ciertos vaivenes, su fortuna se pierde y ahora ni siquiera puede ocuparse de su familia. Para todo depende de Ana, su mujer, que gana el sustento de vida mediante trabajos de hilado. Tobit está en plena oscuridad, sólo ve negro, en el doble sentido de la palabra. De tal modo, para él es imposible imaginar que alguien pueda regalarle algo. Cuando Ana recibe como reconocimiento a su buen trabajo y en forma adicional a su salario un pequeño cabrito, él piensa que sólo puede haberlo robado. Tan ciego está.

Cuando Ana es acusada del robo por su esposo, no se resiste, no se defiende, sólo dice con gran tristeza: "A este punto has llegado con tu honestidad".

Al escuchar esta frase, de pronto se quiebra para Tobit su mundo totalmente ordenado, la congoja lo domina y rompe en sollozos. Hasta ahora siempre había pensado que si se comportaba en forma honesta y fiel a la ley, Dios estaría de su parte y también la felicidad. La felicidad como recompensa, la pena como castigo. Que Dios pudiera estar de su lado así porque sí, que él fuera aceptado como hijo de Dios sin su obstinada perseverancia en lo que "le agrada a Dios", que aquello que Dios da podría no ser una contraprestación sino un regalo, todo esto es inconcebible para él. Siempre que le fue bien, vio allí el pago por su buena conducta. Y ahora todo su sistema se trastorna. ¿Cómo, de qué manera seguir viviendo? ¿Para qué está todavía en el mundo? Ya no le ve sentido a su vida y nada desea más que la muerte.

A muchas millas de distancia vive una joven mujer, Sara, que también está tan desesperada que quiere suicidarse. Sólo la retiene el pensar en su familia, que debería padecer la burla de la sociedad si ella se quitara la vida. Pero tanto desea su muerte que le ruega a Dios liberarla de la vida, de una vida en la que ya no puede encontrar ningún sentido. Su padre la ha entregado como esposa a siete hombres, y las siete veces sucedió que el recién casado fue muerto por un demonio antes de la noche de bodas, según se cuenta. Sara se ha convertido en objeto de burla de la ciudad, y no sólo eso, se la considera poseída por el demonio, y más grave aún, una asesina. Al igual que Tobit, también Sara vive con la sensación de ser íntegra, virtuosa y decente, libre de codicia y esforzada en hacer únicamente lo bueno y correcto. Seguramente también tiene muchísimo temor frente a todo lo incalculable, incontrolable, frente al contacto y el apetito sensual y, estrechada de esta manera, su vida le da poco margen para la libertad y la vitalidad. Sin embargo, a pesar de la imposibilidad de hallar cualquier solución, parece hacerse una vaga imagen de una alternativa frente a la muerte, de que finalmente pueda aparecer la persona adecuada para ella.

Tobit y Sara ofrecen a Dios a través de la oración, su desesperación y total desamparo. Sorprendentemente, ambos comienzan alabando la misericordia de Dios, su lealtad y justicia. De este modo, a pesar de toda la desesperanza, se colocan bajo la protección y conducción de Dios, inclusive en una situación ante la cual sólo la muerte parece una solución –la redención. Ya no pueden determinar nada por sí mismos, no pueden hacer nada correctamente, ninguno de los dos ve posibilidad alguna para una vida exitosa por propia energía. Entonces se confían al plan de Dios, a su voluntad, aunque con el profundo deseo de que los deje morir. Si bien la sensación de desmayo y desamparo no desaparece, con el resto de su confianza puesta en Dios –cuando ya no pueden hallar sostén alguno en sus actuales estructuras de vida– no caen totalmente al vacío.

Sara espera para ver qué sucederá y también para Tobit se detiene el tiempo en el cual él podría estructurar su vida por propia energía. "Casualmente" se le ocurre que podría haber una salida al menos para su necesidad financiera. Hace cierto tiempo le había confiado a un familiar en la lejana Media una importante suma de dinero. Debido a su ceguera, él mismo no está en condiciones de viajar, pero podría enviar a Tobías, su hijo, a buscar el dinero.

Si observamos hasta aquí esta historia y meditamos cómo podemos ser nosotros mismos buenos compañeros de viaje para otras personas, cómo podemos ser ángeles para ellos si se encuentran en una emergencia espiritual tan extrema, probablemente nos asustemos por la responsabilidad que sentimos y al mismo tiempo tomemos conciencia de nuestro propio desamparo.

En este momento seguramente es oportuno hacer lo que hicieran Tobit y Sara: sentir nuestro desamparo, ofrecerlo plenos de confianza a aquél que es creador y consumador, para pedir ayuda y desprenderse conscientes de que la última responsabilidad no pesa sobre nuestros hombros. Estamos mal asesorados –y corren especial peligro los asistentes profesionales– si pensamos que deberíamos ser aquellos que encuentren una solución para una situación sin salida, si nos responsabilizamos rápidamente por los demás o creemos poder salvar el mundo. Por un lado, es una fuente de permanente sobreexigencia y permanente fracaso en una tarea excesivamente grande; por el otro, caemos en una fantasía oculta de omnipotencia ya que no somos nosotros los responsables finales del destino de nuestros semejantes. Aliviados podemos dejar la situación en manos del Creador. Pero muchas veces éste no interviene ni actúa directamente sino a través de "segundas causas" donde nos asigna el papel de compañeros de viaje.

Recuerdo una situación en la que yo misma estaba cerca del final y sólo deseaba morir; sé que en ese momento una persona se convirtió en ángel para mí. Ya han pasado más de cuarenta años. Estaba recién operada en el hospital y me veía en ruinas y fragmentos. Había abandonado mi camino de vida porque había querido hacer algo especialmente bien, y precisamente allí fracasé totalmente. Recién ahora entiendo que corría un riesgo similar al de Tobit de caer también en el rincón de la convicción en la propia justicia por querer realizar todo con tanta integridad y corrección, o como Sara, de distanciarme de la vida. Como sabelotodo y con mis buenas intenciones me había dado contra la pared y ya no tenía idea para qué estaba en este mundo, menos aún, cuál podía ser el sentido de mi vida. Más grave todavía: una enfermera estresada y exaltada había dicho que yo era molesta y que sólo daba trabajo. "Si es así –pensaba– entonces será la última vez que le dé trabajo a mi entorno, pues se librará de mí." Todavía un poco aturdida por la anestesia, junté mis fuerzas y me dirigí al ascensor para ir al piso superior y buscar allí una ventana. Una enfermera, precisamente aquella a quien le había hecho difícil la vida, me pescó, refunfuñó, me remolcó otra vez hacia la cama y me colocó en el corredor para mantenerme bajo control. Todos me veían ahí acostada, los enfermeros y enfermeras presurosos, los médicos atareados y las visitas. Después de unas horas tuvo lugar el cambio de turno. La enfermera nocturna se acercó, se sentó al borde de mi cama y preguntó con dulce voz: "¿Por qué lloras?" Y cuando entre sollozos le expliqué que ya no servía para nada en el mundo y que por esa razón deseaba morir, no me dio un sermón moralista, tampoco trató de disuadirme o convencerme, sólo me escuchó y luego dijo: "Podrías esperar al menos hasta mañana. Y luego te fijas otra vez, ¿sí?" Su cabello canoso, rebelde debajo de la cofia de enfermera olía un poco a cocina, ¿a *spätzle** con cebollas? Una porción de realidad muy propia de este mundo. O sea, continuar viviendo hasta mañana. ¿Por qué no, por qué hoy, por qué ahora, por qué...? Era como un enigma difícil e irresoluble que me había colocado en el camino, como uno de esos *koanes* japoneses que llevan el pensamiento *ad absurdum*. Seguramente era probable este aplazamiento temporal misterioso, en el cual se realizan cambios de vías sin que yo misma intervenga. Ya no sentía ese pánico desesperante. ¿Por qué este final debía ser ahora, con tanta urgencia? ¿No era como si me precipitara fuera del cine en medio de la película porque la trama pareciera no tener salida? ¿Por qué no quedarme consciente de que el final ya vendrá, a su debido tiempo?

* *Spätzle* es un plato de pequeños fideos o bolas de masa hervida, hechos con harina, huevos, agua o leche, sal y algunas veces nuez moscada.

Cuando desperté a la mañana siguiente, la enfermera nocturna ya se había retirado. Nunca más la vi.

Cuando décadas más tarde tenía pacientes en mi consultorio que jugaban con la idea del suicidio, siempre recordaba este componente de dilación en el tiempo. Yo no decía: "Usted no debe hacerlo, esto es ética, moral o religiosamente reprochable". Yo no decía: "Usted no tiene derecho a ello". Sólo pedía realizar conmigo un acuerdo que estuviera vigente mientras trabajáramos juntos, y: "Si usted decidiera quitarse la vida, anule previamente este acuerdo". La mera formulación de este contrato y el hecho de que depositaran en mí el escrito, provocó en todos los casos una conciencia diferente. Cierta vez, cuando una paciente me llamó por la noche y me dijo: "Llegó el momento en que deseo dejar sin efecto el contrato", le pregunté: "¿Le viene bien si paso antes por su casa?" Ella estuvo de acuerdo. Y luego cambió su decisión. Ya han pasado más de dos años, y la vida que lleva hoy en día es colorida y plena.

Abrir márgenes de tiempo, dar espacio, quizás ésta sea una de las tareas más importantes de un compañero de viaje cuando alguien desea la muerte. El trayecto que comienza entonces, cuando creemos no poder soportar más la vida, puede ser una de las etapas de maduración más importantes, para nosotros mismos y quizá también para nuestro prójimo.

"Si uno de nosotros dos sufre una enfermedad incurable y padece dolores, si la situación se torna intolerable, el otro se ocupará de darle un punto final". Un matrimonio se había prometido esto. La pareja tenía una pistola cargada en la casa, y la promesa dada con amor y reflexión, era muy importante para ambos. El esposo yacía enfermo en su casa desde hacía meses y existieron realmente dos situaciones en las cuales él dijo: "Tesoro, llegó el momento, ahora". Que su esposa dudara en ambas oportunidades provocó exactamente este aplazamiento de tiempo en el cual los dos –visto retrospectivamente– pudieron compartir quizá los momentos más valiosos de su relación. La fuerza para prepararse para la despedida tras la muerte del esposo, para el tiempo de estar en soledad, fue precisamente lo que la mujer obtuvo de los meses que –si hubiera actuado de acuerdo con la promesa original– no habrían podido compartir.

Es sanador, por lo tanto, el tiempo que captura el pánico del momento. Una dilación de este tipo es también eficaz en nuestra historia de Sara y Tobit, de un modo muy particular como veremos a continuación.

También leemos en esta historia lo segundo que puede ser beneficioso en el encuentro con las personas que desean la muerte. Allí dice que lograron que Rafael los escuchara. Escuchar. Escuchar atentamente. No pasar nada por alto y realmente prestar cuidadosa atención es importante, ya que así no podemos dejar escapar la útil llave que se encuentra en una pequeña palabra, en "así". Así no puedo continuar viviendo. Y si alguien dice: "No quiero vivir más" y nosotros preguntamos cuidadosamente: "¿No quieres vivir más así?", probablemente la respuesta sea sí, y esto nos lleva al centro de lo que torna tan intolerable esta vida. Para nosotros, como compañeros, siempre es conveniente y oportuno averiguar exactamente el motivo, tomarlo con seriedad y observarlo luego en conjunto con tranquilidad. Sea lo que sea: ya se trate del gran endeudamiento de un comerciante o la desesperación de un matrimonio destruido, o el sentimiento de falta de sentido o inutilidad, o el temor de no poder dominar algo, siempre que nos tomemos tiempo para enfrentar juntos el susto y buscar soluciones o ayudas, ganaremos mucho. A veces es la solución directa del problema lo que sirve para dominar la crisis de vida.

Cuando Tobit y Sara piden ayuda en su necesidad, esta ayuda llega a ellos. Llega en forma de un ángel, Rafael, que es enviado para sanar a ambos o, como también se dice: "para que ayude a ambos".

La historia resulta interesante por el hecho de que Rafael no se dirige a Tobit para sanarle su ceguera, y tampoco a Sara para liberarla del demonio, a pesar de que ésa es su verdadera misión, sino que se une a Tobías, el hijo de Tobit. Rafael no actúa orientado hacia el problema, como diríamos actualmente, sino de manera indirecta, y estimula y ayuda en su camino a Tobías, el hijo de Tobit, el futuro esposo de Sara. Es sensato, ya que Tobit no hubiera tenido oportunidad para un proceso de maduración con un milagro inesperado, hubiera continuado atrapado en su sistema rígido de buena conducta – recompensa, conducta equivocada – castigo. Era importante que experimentara que su crisis no podía dominarse con la razón, el servicio a Dios y la buena voluntad. Tampoco a través de su habitual disposición a la renuncia y la suficiencia, en la forma en que –cuando era necesario– hasta ahora renunciaba a sus propios deseos; quizás en el curso de su infancia como huérfano y niño refugiado haya sido educado para no observar sus propios deseos. De este modo había creado una especie de potencial de poder solitario que se vinculaba para él con el sentimiento de orgullo y dignidad. Pero ahora queda claro que esto no puede ser beneficioso sino inconveniente.

Tampoco Sara hubiera recibido ayuda si simplemente hubiera sido liberada de su situación de padecimiento. La imagen de sí misma y su camino de vida no se habrían modificado realmente hacia la sanación.

Por lo tanto, aparentemente ambos quedan librados a su situación, a sus sentimientos de falta de perspectivas, de estancamiento y aridez.

¿Cuál es la situación con nosotros mismos? ¿Cómo vivimos en "épocas yermas"? ¿Nos sentimos simplemente como víctimas y nos comportamos de esa manera? ¿O perdemos el suelo bajo los pies? Si así fuera, ¿permitimos que nos sostengan y nos atrapen? ¿O rechazamos ofendidos cualquier tipo de ayuda? ¿Nos animamos a dar el paso desde la arbitrariedad hacia la confianza? ¿Tenemos confianza para introducirnos en cambios, en pasos de aprendizaje? Vivir y aprender significa también tener que atravesar la inseguridad, permitir las transformaciones, descubrir e integrar lo nuevo, dejar atrás lo viejo de la misma forma que al andar debemos dejar y desprendernos del suelo con cada paso.

¿Y cómo reaccionamos cuando –como compañeros de viaje– encontramos a alguien que se encuentra en tal período de inseguridad, de crisis existencial, que se eriza hacia dentro y se torna inalcanzable para su entorno?

Precisamente en este punto resulta un ejemplo de mucha ayuda la intervención de Rafael. Él respeta a

Tobit en el lugar en donde lo encuentra y no lo saca de allí arbitrariamente aunque haya acudido justamente para su sanación. También podemos sentir que para las personas que se aíslan de esta manera es importante protegerse para no ser obligadas a cambios para los cuales aún no ha llegado el tiempo apropiado. Tales mecanismos de defensa deben respetarse. Esto no significa, sin embargo, que todo debe mantenerse rígido en la situación en que está, ya que en todo momento puede ser beneficioso si comienza la acción. Y precisamente esto es lo que genera la aparición de Rafael.

Si no sabemos qué hacer como compañeros de una persona en extrema necesidad porque no encontramos un acceso directo a ella, es conveniente –contrariamente a lo que hace la persona desesperada– no dirigir la mirada en forma rígida sobre el problema sino observar la situación con la mayor amplitud posible y no perder nuestro valor creativo a fin de que, de alguna manera, pongamos en movimiento el amplio entorno de aquel que se ha refugiado en su desesperación.

Con el objeto de ayudar a un hombre a salir de su aflicción y de la sensación de falta de sentido, también es conveniente algo que queda claro a lo largo de nuestra historia: Tobit sale de la corriente de la depresión cuando comienza a ocuparse de los preparativos para el viaje de su hijo.

Tan fácil puede resultar realmente a veces sacar a alguien de los pensamientos que giran constantemente en torno a su aflicción y fracaso. Un proyecto lo suficientemente importante para reclamar la atención ayuda al hombre, que parece no ver ninguna salida, a olvidar por un tiempo su miseria. Nuevamente es importante el componente de ganar tiempo, pero también otra cosa: en la medida en que nos aboquemos a algo esencial, a algo pleno de sentido, se torna relativa la dimensión de lo que hasta ese momento nos condenaba a la preocupación. Si por lo tanto, como compañeros de viaje de una persona que se encuentra atrapada en un tiempo oscuro, le mostramos una relación en la cual se la requiere, esto puede resultar más estimulante que cualquier compañía y que todos los intentos de consuelo. Quizá también podamos pedirle un favor, pedirle ayuda en algo en lo cual sea más experta o más hábil que nosotros. Quien tenga un "para qué", difícilmente se rinda.

Tobit quiere enviar por lo tanto a su hijo a retirar la suma de dinero que su familiar, Gabael, había guardado para él. Pero previamente le urge aconsejarle a Tobías todo lo que debe atender y obedecer en su vida. Lo exhorta a honrar a Dios y a amar a los niños, le recuerda sus deberes sociales y le suplica no olvidarse nunca de cuidar a los demás y dar limosnas, le advierte insistentemente frente a los peligros de la lujuria y la arrogancia. Una y otra vez le recalca que esas indicaciones e instrucciones son su legado: "Cuando muera..." y: "Hijo mío, una vez que esté muerto..." Esto otorga un carácter forzoso a la enumeración de mandamientos y prohibiciones religiosas y morales a las que Tobías no podría escapar, ni aunque lo quisiera. Detrás se encuentra el deseo de Tobit de que su hijo pueda ser tan íntegro, temeroso de Dios, caritativo y justo como él mismo y dejar atrás todo lo demás en el deseo constante de satisfacer a Dios. Tobit continúa aún en la búsqueda de un motivo por la pena que le ha tocado y cree que este motivo no puede hallarlo en ninguna otra cosa que su propio fracaso, en el pecado y la culpa. Ahora su hijo deberá hacer definitivamente realidad en su vida los ideales elevados en los que Tobit cree haber fracasado.

En todas las advertencias y últimas disposiciones existe, por cierto, mucha sabiduría, mucha experiencia, mucha fe vivida, anclaje en la tradición y lealtad. Pero con estas indicaciones aglomeradas sobrecarga a Tobías de tal manera que éste apenas puede asomarse y reacciona en forma más bien carente de iniciativa y desanimado, con el típico: "Sí, pero..." Él dice que quiere hacer todo lo que el padre le ha dicho pero no sabe cómo hallar el camino y poder cumplir la misión de su padre. Con esto se refiere seguramente a la misión de exigir el dinero del familiar a quien ni siquiera conoce, pero detrás esté quizás también el temor frente a la otra misión, mucho más gravosa, de responder al menos en cierto modo al modelo de este superpadre justo, sacrificado, siempre virtuoso, íntegro, imperturbable en su fe y su obediencia.

Si nosotros mismos queremos animar a alguien a emprender el camino, sea cual fuere, quizás no sea justamente conveniente que lo inundemos previamente con toda nuestra sabiduría. Un buen maestro se caracteriza por transmitir conocimientos pero principalmente fuerza propia, iniciativa, valor y entusiasmo por el aprendizaje independiente en aquellos que le son confiados. Como vemos, exactamente esto se ejemplifica claramente en la manera en que Rafael acompaña a Tobías en su camino.

No le imputo a Tobit nada similar, pero en esta escena de sus últimas advertencias pienso una y otra vez en aquello que los hombres, ya sea en forma de mensajes y ruegos directos o cifrados, acentúan con alusiones sobre su posible muerte cercana. Tales personas, ya sea que estén realmente enfermos de muerte o amenazados por el suicidio o utilicen las ideas como medio de poder, pueden convertirse en despiadados para sus semejantes, pueden generar remordimientos anticipados permanentes con los cuales manipulan y atormentan fácilmente a su entorno, en el peor de los casos, más allá de su muerte –quizás realmente elegida por sí mismos.

Esto funciona por otra parte casi como un martirio demostrado patéticamente. Cuanto más se coloque alguien en el papel de víctima, tanto más se verán empujados sus semejantes al papel de culpables. Aquí aparece la imagen contraproducente de la actitud verdaderamente elogiable; una persona soporta valientemente el dolor y la enfermedad incurable e inclusive en la desgracia continúa capaz "de decir sí a la vida a pesar de ello", tal como lo describe Viktor Emil Frankl en su libro del mismo nombre, refiriéndose a sus propias experiencias en el campo de concentración.

Como ya dijera, no le imputo a Tobit una actitud de esta naturaleza, pero considero que este tema secundario es importante si reflexionamos sobre cómo acompañamos a las personas que desean su muerte. En tales casos es una buena clave tomarlos seriamente, no como niños caprichosos que amenazan escaparse porque la situación tal cual está no les agrada, niños que amenazan cargarnos una responsabilidad que ellos mismos no quieren soportar, una responsabilidad que quizá aceptemos de buena gana, junto al sentimiento de culpa si no podemos enderezar el mundo para ellos. No, considero que debemos tomarlos con mayor seriedad que a los adultos responsables de sí mismos que están comprometidos con sus propios valores, su moral y su *ethos*, con su voz interior y que pueden ser desleales o culpables frente a sí mismos. Es bueno si a través de nuestro comportamiento comprenden que no es posible entregar la responsabilidad al entorno por sus vicisitudes.

Todo esto se corresponde con la manera en que Rafael enfrenta el deseo de muerte de ambos, de Tobit y de Sara. Él los entrega a su camino adulto; para ello, sin embargo, ayuda de manera indirecta a crear tiempo y espacio.

Confianza

Hallar al compañero adecuado

"Busca para este viaje un acompañante", dice Tobit a su hijo, "y si todavía estoy vivo, le pagaré".

Nuevamente se percibe la presión oprimente de la posible muerte cercana; tanto más necesario será el apoyo de un compañero, de un amigo.

Tobías va entonces a buscar un acompañante y encuentra a Rafael, sin saber que éste es un ángel. Naturalmente, dado que si Rafael se mostrara desde un comienzo como un ángel, no sería posible que los hombres para los que está se desarrollaran de una manera tal que evolucionaran a partir de sí mismos. Ellos se mantendrían pasivos a la espera de milagros y descuidarían su propio crecimiento y maduración.

"¿Puedes viajar conmigo hacia Ragués, en Media? ¿Conoces la región?", pregunta Tobías y Rafael responde: "Conozco el camino, en mis viajes ya fui huésped de Gabael".

Tobías se acercó no sólo a quien conocía bien el camino por haberlo recorrido sino también a quien había tenido relación con el hombre de quien Tobías debía buscar el dinero. ¡El compañero de viaje ideal!

Cuando Tobías dice que quiere ir de inmediato hacia su padre para contarle acerca de la buena circunstancia, Rafael exclama: "¡Bien, pero no te demores!"

A mis oídos esto suena también como: "Bien, es bueno que pienses en él y quieras tranquilizarlo, pero ya es tiempo de que comiences a tomar las cosas en tus propias manos".

No obstante, demoró aún cierto tiempo, ya que Tobit quiso que le presentaran a este joven hombre que emprendería el viaje con su hijo. El encuentro entre él y Rafael se convierte en parte de la historia evolutiva del ciego. Rafael lo saluda con una bendición.

Cuando en la Sagrada Escritura leo una y otra vez cómo los hombres se saludan y despiden con una bendición, nuestros "Buenas..." u "Hola" o "Chau" o "Nos vemos..." me suenan todavía más absurdos que antes y siempre reflexiono sobre otra cultura posible del encuentro.

Rafael no saluda a Tobías con "La paz esté contigo", sino que le dice: "¡Que Dios te dé alegría", a lo cual Tobit se retrae melancólico y dice: "¿Qué alegría puedo tener si estoy sentado en la oscuridad y no puedo ver la luz del cielo?" De este modo brinda una breve descripción de su situación psíquica, por así decir, una anamnesis del paciente para Rafael, cuyo nombre traducido significa "Dios se muestra como médico" o "Dios sana". Su respuesta: "Ten paciencia, Dios pronto te ayudará" parece no haber sido escuchada en ese momento por Tobit, al igual que sucede en todas las ocasiones en que la esperanza no encuentra cabida, en que nuestra mirada está dirigida como a través de un túnel a las propias dificultades y problemas. A sabiendas de que el margen de tiempo hasta la sanación de Tobit debe demorar, Rafael simplemente deja las cosas como están y enfrenta las preguntas del ciego, quien sin falta quiere saber quién es este joven hombre que emprende el viaje con Tobías, de qué familia proviene, de qué tribu. "¡Dímelo!"

Cuando leí por primera vez este pasaje de la historia, contuve mi respiración. ¿Qué pasará ahora? ¿Deberá revelar Rafael que es un ángel? ¿Inventará una historia? ¿Intentará excusarse? Así parece realmente en principio, ya que replica con una pregunta: "¿Qué es importante para ti, te importa el origen y la tribu o deberías estar conforme con tener un mensajero?"

Esta pregunta: ¿qué es importante para ti, qué quieres en realidad? puede convertirse a veces en la clave determinante en el acompañamiento de personas en momentos de crisis, de personas en la búsqueda de su camino. Sin embargo, esta oferta aquí es pasada por alto. También es relevante la palabra "mensajero"; la palabra ángel, derivada del griego *angelos*, significa mensajero. Quizá Tobit haya podido reconocer ya algo de la verdadera figura de Rafael, y quizá también haya percibido más de lo que era consciente para él, ya que posteriormente, cuando se despide de Tobías, lo bendice con las palabras: "Dios, que vive en el cielo, los protegerá y que su ángel los acompañe". Pero en ese momento Tobit está aún pleno de dudas y preocupaciones y Rafael las dispersa de buena gana al responderle: "Soy Azarías, el hijo del gran Ananías, uno de los hermanos de tu tribu".

¿Es por lo tanto Rafael un ángel que miente? En realidad no. Es un hombre joven llamado Azarías, hijo de Ananías. Es un hombre común, que durante un tiempo será un ángel para Tobit, Sara y Tobías. No sólo nosotros necesitamos a Dios, como escribe Martin Buber, sino que Dios nos necesita para aquello que es el sentido de nuestras vidas: que participemos en la Creación, como "órgano ejecutor de la Divina Providencia y del plan sanador de Dios", como ayudantes y compañeros.

Por lo tanto, Azarías. La traducción de Azarías es "Dios se muestra como auxiliador", "Dios ayuda". Y detrás de él se encuentra Rafael, el ángel. Entonces puede estar allí en el momento oportuno como amigo y compañero, como asesor y aliado, donde Dios quiere mostrarse como auxiliador.

Cuando Tobías encuentra para su viaje a este compañero, de inmediato toma confianza en este joven hombre que se une a él. Pero previamente lo consulta acerca de dos premisas fundamentales: "¿Emprendes el camino conmigo, puedes viajar conmigo hacia Media?" y "¿Conoces la región?" Para Tobit, su padre, es en cambio otro el criterio relevante: "¿De qué plano social y religioso provienes? ¿De qué tribu?"

Es asombrosa la exactitud con que estas preguntas abarcan los criterios que pueden resultarnos importantes cuando buscamos un acompañante confiable y caritativo para nosotros mismos o para los demás.

"¿Quieres venir conmigo a Media?", pregunta Tobías.

Si buscamos un compañero de viaje es importante estar seguros de que esté dispuesto a acompañarnos sin mayor vacilación, sin objeciones y limitaciones. Por lo tanto, no debería ser alguien que nos dé la sensación de que deberíamos adaptarnos a sus reglas, leyes y condiciones antes de emprender el camino. Sería un obstáculo para el inicio de la convivencia. Pero quizá, ante todo, debería "ser acorde la química", esa sensación certera pero difícil de explicar, de que podemos confiar el uno en el otro.

Si buscamos un acompañamiento terapéutico o espiritual, es importante notar en una primera conversación si aquél a quien quiero confiarme durante cierto tiempo, realmente es el acompañante adecuado para mí. Esto sólo tiene una relación relativa con la competencia profesional, no depende sólo de la naturaleza de su método sino también de la cuestión de si existe un espacio donde –quizá recién con el tiempo– pueda desprenderme con consuelo de las barreras de protección y las precauciones de seguridad. Es decir, una cuestión de confianza. Éste es también el trasfondo de la pregunta de Tobías: "¿Conoces la región?"

Si acompañamos a un amigo en un trayecto desconocido y el otro está inseguro, quizá temeroso de lo que pueda ocurrirle, puede resultar enormemente tranquilizador asegurarle: "Yo estuve ya una vez allí. Ya enfrenté una vez los peligros de este camino en el que buscas acompañamiento". O "Ya lo conozco, ya realicé mis experiencias, sé lo que puede sucederte porque yo mismo debí aventurarme a ello cierta vez". Mientras intercambio estas palabras con un amigo, es oportuno que no me muestre como la gran sabia por haber atravesado y resuelto el problema desde un principio. Corresponde que comparta con el otro los recuerdos de mi búsqueda y mis tropiezos, o los callejones sin salida en los que caí, por lo que luego, con mayor experiencia, regresé. Allí existió por ejemplo una formación que tras poco tiempo interrumpí, o una relación que pronto sólo fue sostenible como amistad. Que no regresé con las manos totalmente vacías al camino que había abandonado, fue algo que recién quedó en claro para mí pasado determinado tiempo.

Tobit, el padre, formula preguntas totalmente distintas a fin de probar la confiabilidad de Rafael: "¿De qué familia provienes? ¿De qué tribu?"

Las condiciones importantes para él se denominan en nuestra sociedad: ¿Eres alguien que comprende mi lenguaje y habla mi trasfondo religioso y respeta la tradición de la que vengo, que es mi raíz, pero también las superficies con las cuales me raspo, acerca de las que reflexiono y en virtud de las cuales yo mismo me cuestiono?

Una y otra vez surgen en mi entorno informes sobre gurús bastante extravagantes, sobre maestros del saber (así designados por sí mismos) de culturas y países lejanos que ofrecen sus propias tradiciones religiosas aquí en Europa Occidental, sin traducir –en el doble sentido de la palabra–, sin saber qué condiciones previas religiosas o espirituales pueden partir del asombrado público, qué imágenes y símbolos más o menos ordenados y procesados pueden suponerse en las mentes de aquellos que, en la búsqueda de la propia identidad, del sentido de sus vidas, han equivocado el camino y llegado a ellos. Encontrar a estas personas que buscan allí donde están, recogerlas allí para acompañarlas en su camino, parece apenas posible desde esta distancia. En más de una oportunidad experimenté en mi círculo de amigos cómo a partir de esta tensión se destruían camaraderías y familias, cómo nacían daños espirituales irreversibles en el individuo, inclusive cómo se dio lugar a psicosis.

¿Qué lenguaje hablas, qué trasfondo espiritual te sostiene? ¿Cuáles son tus raíces?

"Después de tres horas de terapia deseo preguntarle a mi terapeuta qué relación tiene ella con

Dios", dijo una de mis amigas, "de ello depende si puedo continuar hablando con ella". Una pregunta en la mente de Tobit. Y si no halló una terapeuta que por principio rechaza dar información sobre sí misma, esta pregunta generará seguramente un impulso decisivo para un exitoso trabajo en conjunto.

"¿De qué tribu eres?" La relevancia de esta pregunta no debe impedir de ningún modo que miremos con atención y ansias de saber más allá del propio plano cultural, dispuestos a ampliar nuestro horizonte y a aprender de los otros, dispuestos también a verificar también el propio sistema justamente con relación a lo que vemos en otros países y otras estructuras sociales, y a comprender que deberíamos integrar satisfechos esto o aquello en nuestro pensamiento, en nuestra vida. Se dice que quien regresa sin cambios de un viaje a otro país, no estuvo realmente allí. Los estímulos y experiencias que acepté en otros países y culturas se han convertido en impulsos importantes en mi camino de vida. Quisiera compartir con ustedes un ejemplo de ello en el capítulo sobre la alegría de celebrar la vida.

"Dónde tú estás, puede percibirse a Dios", me dijo cierta vez una amiga. Después de ello no presumí que yo fuera quien "provocara" esto, sino que tuve en claro que es una proyección –manifiestamente preciosa. No percibimos la cercanía de Dios –ya sea a través de un amigo, un entorno sanador o una situación particular– porque este amigo, este entorno o esta situación la contengan sino porque Dios está cerca para nosotros, en este encuentro, en esta vivencia. Seguramente existen situaciones y lugares más apropiados y otros que parecen más bien "carentes de Dios", que excluyen a través de su atmósfera la posibilidad cotidiana de la experiencia divina. Pero tampoco estoy tan segura de ello. Creo que justamente deberíamos estar preparados donde no lo esperamos, en acontecimientos y eventos cotidianos absolutamente normales, en los cuales podemos ver inesperada y sorprendentemente a Rafael detrás de Azarías.

Al considerar qué nos convierte a nosotros mismos en compañeros de viaje dignos de confianza, tengo presente un listado que elaboré una vez con una maestra, cuando ella reflexionaba acerca de las cualidades de una buena pedagoga. Cuando leo ahora este listado, observo que sólo contiene una enumeración de lo que deberíamos fomentar y hacer realidad en nosotros para poder ser buenos acompañantes para los demás.

Alegría de vivir y felicidad se encuentran bien al comienzo, y también conciencia de sí mismo. Estimarse a sí mismo, pero en el momento oportuno no considerarse excesivamente importante. Ver en las debilidades de los demás también las fortalezas. La capacidad de una crítica constructiva y de una autocrítica, interés por los semejantes, amor al prójimo, coraje y alegría por la experimentación, creatividad. La disposición a reflexionar sobre la relación religiosa o espiritual. La espiritualidad y la fe, la curiosidad, el ansia de saber, la tolerancia y la humildad. La aceptación de lo distinto y extraño. Saber perdonar. Poder dar, pero también poder recibir. Poder demostrar emociones y no sólo tolerar las emociones de los demás sino también reconocer su valor.

Todas éstas son cualidades que desarrollamos muy a gusto para nosotros mismos, sin observar que a través de ellas podemos convertirnos en el ángel acompañante, como el prójimo para las personas que nos fueron confiadas o como una buena pedagoga para los alumnos. Algunos de nosotros seguramente recordaremos maestros que no sólo han transmitido su saber sino que han desplegado manantiales y despertado entusiasmo y amor por el mundo.

¿No significa esto acaso, que alguien a quien experimentamos como ángel es una persona, *a Mensch* como se dice en idish, es decir, uno que es auténtico y que cuida y vive con alegría todas las hermosas posibilidades inherentes a su personalidad?

Continuando con la historia de Rafael; una vez clarificada la cuestión del origen, la conversación da un giro que en primera instancia me asombró: Tobit negocia el pago. "¿Es suficiente si te pago diariamente un dracma y la misma manutención para mi hijo, y si te agrego algo más si regresan sanos?" Y absolutamente de modo lapidario se dice que así llegaron a un acuerdo. O sea, ¿la compañía de un ángel a cambio de una buena suma de dinero? Al margen de que en aquella región era muy habitual contratar compañeros de viaje pagos, es un signo de cómo Rafael se comportaba como una persona totalmente normal que sabe del valor de su actividad. Esto puede tranquilizar adicionalmente a Tobit. Aunque en realidad, la compañía que le brindamos a una persona no tiene precio. Esto es natural para quienes se comprometen sin retribución, simplemente así como aceptan las tareas en sus vidas, o también en numerosas instituciones como el cuidado espiritual en hospitales, el trabajo en hospicios o la ayuda a enfermos de sida. En nuestro país, se realizan cada vez más actividades de buen ánimo y en forma desinteresada. Naturalmente, visto desde la óptica de quienes ponen a disposición su ayuda. Menos natural resulta a los ojos de aquellos que deben recibir la ayuda y que luchan con su idea de la propia necesidad y su orgullo. ¡A mí no tienen por qué regalarme nada! Y muchas veces resulta realmente un obstáculo que los ayudantes no remunerados deben superar.

En el comportamiento de Rafael veo un buen ejemplo de cómo podemos nosotros mismos, como compañeros de viaje, atender a que el dar y el recibir permanezcan en un buen equilibrio. Cuando acompañamos a alguien cuya autoestima se encuentra sobre bases poco firmes, es bueno para él sentirse a sí mismo como el dador. En los ejemplos precedentes de actividad honoraria se recomienda siempre dejar en claro a aquellos, para quienes nos ponemos a disposición, que no se trata sólo de un pago sino que generalmente es algo mucho más valioso lo que puedo aprender de las personas a quienes acompaño, ya sea de su experiencia de vida o de la manera en que responden valientemente a su necesidad, ya se trate de su visión absolutamente propia del valor y la belleza de las cosas que yo he pasado por alto.

A veces es más dichoso tomar que dar, principalmente cuando alguien se ve en tal pobreza y desamparo como Tobit. Por esta razón es para él una cuestión de dignidad que él ofrezca una retribución adecuada.

A pesar de la pobreza y la ceguera, Tobit posee algo valioso para dar: él bendice a Tobías y a Azarías cuando finalmente emprenden el camino hacia Media, y él vincula así la firme convicción de que un buen ángel los acompaña.

Desprendimiento

Soltar y partir

Ana, la madre de Tobías, contrariamente a su esposo, no tiene la más mínima confianza, llora y se opone con todo su ser y su pensamiento contra esta partida. Ella está tan ligada a su hijo que no quisiera desprenderse de él. Él es para ella consuelo, sostén y esperanza, y su vida, que en este viaje podría estar expuesta a imprevisibles peligros, no podría compensarse con dinero alguno. "Todo puede continuar como está", dice ella, "con lo que Dios nos ha dado para vivir podemos continuar".

Aquí es de mucha ayuda para Tobías tener un compañero junto a él que lo apoye en su partida, ya que ver el dolor de la madre y, a pesar de ello partir, lo angustia y oprime y probablemente le provoque un sentimiento incierto de culpa.

Muchas madres, justamente las afectuosas, tienden más bien a impedir que sus hijos emprendan su propio camino con la responsabilidad propia de la adultez, que naturalmente los aleja de la casa de los padres.

No sólo encontramos madres en esta situación extremadamente temerosa y desvalida. Pienso en los padres solos que educan a sus hijos, como aquel cuyo hijo de nueve años se había convertido en el eje y punto cardinal de su vida. Junto a la rutina laboral llevada a cabo con premura y desaliento, sólo existían el juego con el hijo, el deporte con el hijo, las tareas escolares con el hijo, las horas libres por la nochecita con el hijo, los emprendimientos de fin de semana con el hijo. Si nos colocamos en el lugar del niño de nueve años, puede percibirse la carga del padre y principalmente la estrechez en la que se convirtió este sistema de dos.

Otro hombre, que también había sido abandonado por su esposa, se ocupaba de la cocina, la casa y el jardín de manera más ejemplar que lo que pudiera esperarse de la mejor ama de casa. Él cocinaba, limpiaba, planchaba y se ocupaba hasta el agotamiento de sus tres hijos —ellos tenían dieciséis, diecinueve y veintidós años de edad. Se había convertido en el reemplazo materno ultraperfecto. A veces lloraba, como Ana, ante la amenaza de que la familia continuara desmembrándose. Él cayó en fuertes depresiones cuando uno de sus hijos quiso andar su propio camino en el estudio y la profesión y para ello quería abandonar el hogar conducido en forma intachable para trasladarse a un pequeño reino propio. Los jóvenes reaccionaron a su manera: el mayor se tornó agresivo de modo que casi no era posible un contacto normal. La hija, siempre armónica y comprensiva, se trasladó a Canadá porque para su formación profesional era —según decía ella— lo único verdadero, y allí ya no podía ser alcanzada. Si bien el más joven permaneció en casa, se encapsuló más y más hasta que, como un huésped mudo, cada vez estaba más ausente que presente. El padre no comprendió por mucho tiempo qué sucedía.

Si debemos acompañar a jóvenes en una situación tal, podemos intentar en primer término presentar a los padres la imagen de estas personas frenadas, impedidas, domadas, para las que sería importante poder vivir su fuerza y su valentía, quizá también su ánimo aventurero, para aprender así la propia responsabilidad y también la conciencia de la responsabilidad por los demás. Puede ser que los padres reconozcan entonces que precisamente la libertad que les dan a sus hijos es un regalo mucho más valioso que el mejor cuidado del hogar. Esto no tiene por qué llevar a que, como las águilas, echen a sus crías del nido cuando estén listos para volar aunque también pueda resultar apropiado si los niños, ya bien crecidos, consideran que el hotel Mamá es el alojamiento óptimo. Pero ningún padre, ninguna madre debería obstruirle a sus hijos la oportunidad de partir con Dios a su lado, aun cuando el desprendimiento y la despedida resulten dolorosos. A veces, como en el segundo ejemplo, los hijos se desprenden ante su necesidad de manera inadecuada o se distancian duramente. Sobre otros se traslada a su vez el temor de los padres, de manera que ellos mismos plenos de pusilanimidad no quieren convertirse en adultos, quizá porque tampoco logren elaborar la aflicción del padre o la madre. En todos estos casos se evidencia la magnitud que puede adquirir el daño que se provoca a través de la sobreprotección.

Este paso del papel de padre solícito o madre protectora hacia una liberación consciente de los hijos en la independencia puede provocar, a veces, una crisis emocional en los padres. Es bueno, entonces, si en una época tal existe un corte bien definido como en nuestra historia de la partida de Tobías. La bendición del viaje es aquí como un pequeño ritual que permite experimentar que abandona la competencia por la protección y el cuidado, y que se la transmite al joven adulto –y a Dios– con absoluta confianza.

En un tiempo en el que nos reunimos como compañeros de viaje con un padre o una madre de esta naturaleza, resulta útil preguntar cuál es el ejemplo que les gustaría transmitir a sus hijos, según el cual éstos puedan estructurar un día sus vidas. ¿A quién deberían imitar: a un padre extenuado que lleva a cabo el cumplimiento de sus deberes hasta desplomarse, o a una persona contenta que lleva consigo misma una vida rica y colorida? ¿Una madre tensa y sobreexigida que obstaculiza y reprime mediante sus temores la vivacidad y el ánimo aventurero de sus hijos, o una mujer cuyos días están colmados y ricos, plenos de alegría de vivir y creatividad? Si toman conciencia de su función como modelos y comienzan a verse a sí mismos desde este ángulo, probablemente los padres también encuentren un camino para poder desprenderse en aquello que –debido a su temor– los mantiene adheridos a sus hijos. Principalmente descubrirán otra vez posibilidades de conformar sus propias vidas para no ver a sus hijos como único pilar de su sentimiento de valor, como único sentido de su vida.

Si transitamos una porción de camino con un hijo o una hija que tienen dificultades para desprenderse realmente o "sólo" mentalmente de la casa paterna, existen naturalmente "cepos" muy diversos que les hacen difícil liberarse. No siempre debe ser un modelo tan dominante como Tobit. También un padre que es percibido por su hija o su hijo como muy débil, demasiado condescendiente, puede hacer girar sus pensamientos constantemente en torno a la cuestión: "Podría haber tenido un mucho mejor inicio a la vida, ¿por qué no habré tenido un padre fuerte?" O también: "¿Por qué he tenido una madre tan fría y dura y no una afectuosa y cálida?" Preguntas que simplemente alimentan el anhelo de que debería haber sido distinto. Y el anhelo puede, en el peor de los casos, como lo viví con un amigo hasta mediados de sus sesenta años, mantenerse como una espina constante en el cuerpo que impide un auténtico crecimiento. Dado que en el fondo siempre está el niño decepcionado que piensa que sólo si hubiera recibido lo que deseaba sería capaz de continuar en forma independiente y consciente de sí mismo. Pero él es como es. Ningún padre está obligado a satisfacer nuestra imagen deseada; ninguna madre debe de ser tal como imaginamos el ideal –más allá del hecho de que probablemente a los doce años definamos nuestro ideal de manera muy diferente al de los treinta, como así también muy distinto a los cincuenta, o desde la óptica de una octogenaria. La idea de que nuestra madre o nuestro padre deberían responder retrospectivamente a las respectivas imágenes, es decir, tener un efecto retroactivo en el pasado, es absurda. No son ellos quienes deberían cambiar, no son ellos quienes deberían haber sido distintos, sino nuestra óptica; nuestra disposición para asumir responsabilidad por nosotros mismos debería madurar, y puede madurar en el momento en que abandonamos tales deseos absurdos. A veces no es tan difícil si como amigos descubrimos cierto día en forma conjunta el sinsentido o la comicidad que se esconden detrás de tal pretensión absurda al destino. Y mediante la risa es especialmente fácil el desprendimiento,

Por otra parte, no quiero imputarle a Ana haber vivido en nuestra historia una relación de esta naturaleza con su hijo Tobías, pero en este contexto indefectiblemente pienso en otro anzuelo que impide que los hijos, también los ya crecidos, no puedan desprenderse de los padres. Es el constante sentimiento de culpa subliminal provocado por frases como: "Vienes tan poco", "Nadie está para mí" o "Me siento tan solo", o "Tú eres el único en quien puedo confiar", o también "No tienes por qué tener consideración conmigo, ya sé que no tienes tiempo para mí" y demás observaciones similares que implantan bajo la piel la sensación de un compromiso irrecuperable, de no haber realizado nunca lo suficiente. La consecuencia son esas visitas penosas y con remordimientos, y nunca un estar juntos agradable y feliz, que ambos, tanto hijos como padres, anhelan. Ya antes de la visita se encuentra amenazante este "Nunca suficiente" y en la despedida el "En realidad, debería quedarme, pero..."

Vale la pena escudriñar con toda calma y exactitud con un amigo que se encuentra en tal aprieto, qué haría sin esfuerzo y con ganas por propia voluntad para la madre. Generalmente no es poco. Pero frente a esto se encuentra esa presión de que nunca podría satisfacer las verdaderas pretensiones, la succión frente a la cual siempre reacciona –con mayor o menor desesperación– y este sentimiento de realizar algo contra su propia voluntad. En cambio puede ser conveniente invertir la dirección, y determinar y anunciar anticipadamente la disposición de realizar con gusto una visita, durante cuánto tiempo, y demás emprendimientos conjuntos que se le ocurran, quizás un paseo por la ciudad, un concierto, una pequeña excursión, qué quisiera llevar, o a quién, quizá un nieto o un amigo que pueda relatar en forma interesante acerca de un viaje. Si ante todo se estimula la fantasía para una actividad propia, cuando las exigencias interminables, nunca formuladas claramente o nunca expresadas de la madre dejan de determinar su accionar y lo hacen sus propias ideas creativas, la relación puede llegar a ser nueva, libre, con una atmósfera liviana y podría deshacerse el hechizo del secreto aprovechamiento.

Existe otro anzuelo más que puede no dejar en libertad a los hijos adultos, uno que inclusive puede continuar su efecto más allá de la muerte de los padres. Son los comentarios o mensajes que perduran de la infancia: "Nunca lo vas a lograr", o "Eres un fracaso, igual que tu padre", o el tío o alguna otra persona; y luego viene el comentario hiriente respecto de una debilidad del carácter o una incapacidad, condicionada justamente por la herencia y por ende imposible de eliminar. O una madre dice: "Tengo estos terribles dolores renales. Sé que voy a morir pronto a causa de ello. Y tú lo has heredado, ya lo verás. Debes tener cuidado, no debes hacer esto ni aquello y, ante todo, nunca podrás vivir como los demás". O: "¡No pensarás que tienes algo que decir! ¡No te agrandes tanto!" O: "¡Ten cuidado! Siempre eres tan torpe".

Tales mensajes obstaculizantes tienen la desagradable tendencia de convertirse en "eternos". Ellos acompañan generalmente una imagen muy parcializada de la madre o el padre, que se limita exclusivamente a este aspecto negativo. Absurdamente, esto estrecha aún más la relación, ya que si nos resistimos constantemente frente a algo, si tratamos de separarnos de algo, naturalmente nos ocupará de modo más intenso.

Es placentero cuando –como amiga o compañera de viaje– podemos ayudar a sacar tal imagen del ahogo. Para ello es conveniente volver a observar, por cierto una vez en forma amplia, otra en detalle, y realizar un listado de las cualidades principales de la madre –si de ésta se tratara–, las negativas que son lo suficientemente evidentes, pero también las positivas y quizá asimismo las más bien neutrales. En el lado negativo aparecerán tal vez características como temor, amargura, inflexibilidad, pertinacia, insociabilidad o mezquindad. Estas características pueden servir de maravillas para decir: "Es una pena que haya vivido así su vida. No puedo modificarla, pero sí me sirve como ejemplo de advertencia para no caer yo mismo en estos agujeros".

Luego es hora de observar con igual atención el otro lado, donde seguramente, tras reflexionar un poco, aparecerán más cualidades buenas que las en primer término supuestas. Quizá fortaleza y capacidad de resistencia, justicia y energía y confiabilidad o también algo hace tiempo olvidado como el amor a la naturaleza o a la música.

No sólo en una herencia material podemos decidir si queremos aceptarla. No estamos obligados a ello. Y aquí no existe el todo o nada. Podemos elegir.

Una joven mujer que recordó nuevamente de esta manera la personalidad de su madre fallecida, juntó a continuación una canasta llena de piedras. En cada una de estas piedras escribió una de las cualidades, las claras y las oscuras –y claras y oscuras también eran las piedras. Luego salió a la naturaleza y distribuyó las piedras según era adecuado para ella: sumergió una en el lago, arrojó otra con toda la fuerza al campo, una fue a parar al montón de basura, enterró una cuidadosamente debajo de un árbol. Pero algunas las llevó a su casa, ya que vio que la madre también le había dado cosas valiosas, valores que ella apreciaba y que con gusto quería incorporar a su vida.

Una vez clarificado y ordenado todo esto, ella había adquirido también la distancia correcta respecto de su madre. Donde antes la dominaba una mezcla de miedo, enojo, sentimientos de culpa, rechazo y desamparo, ahora existía paz y, como ella decía, un sentimiento de comprensión y de libertad.

Yo estuve presente en esta acción. Mi función se limitó a estar simplemente presente, a ser en cierto modo testigo. Sin embargo, fui importante a tal fin. Creo que también esto es a veces una tarea útil para los compañeros de viaje.

De modo similar se puede proceder también con los mensajes negativos: podemos traerlos a la memoria textualmente, por ejemplo "tú no vales mucho", o "eres un fracaso", podemos escribirlos y sentir posteriormente cómo podría sonar un mensaje sanador opuesto. Deberíamos tomarnos mucho tiempo para ello hasta estar seguros de que: quisiera escuchar esto en lugar de aquello, por ejemplo "Mi vida me pertenece a mí", o "Soy importante porque soy yo mismo", o "Soy libre de hacer lo que quiero". Lo que sea, vale la pena escribirlo. Inclusive, bien estructurado y enmarcado, puede ocupar durante un tiempo un lugar en nuestro escritorio. Y el mensaje negativo sencillamente se considera aniquilado, destruido, arrojado al inodoro, incinerado o triturado con placer. Sea como fuere.

Una vez expulsados los mandamientos, las prohibiciones o los mensajes, estará libre el camino para ver a la madre o al padre con todas las características que asimismo los conforman. Nadie está compuesto exclusivamente de este único mensaje, de un mensaje que generalmente ya no es actual, si somos honestos, sino que corresponde al tiempo pasado. Donde hasta ahora un niño lastimado y rencoroso había colocado frente a la auténtica realidad una imagen del adulto malo e hiriente, ahora puede surgir una relación libre y adulta.

Dejar en libertad o desprenderse, un tema de sumo interés que una y otra vez enfrentamos en nuestros caminos.

Ana tiene aquí en su esposo a una compañía caritativa que desea facilitarle el dejar en libertad. Tobit la consuela y trata de transmitirle su confianza, tal como la siente él ahora.

"No llores, no te preocupes, hermana," dice él, "Tobías regresará sano y salvo y tú volverás a verlo, ya que un buen ángel lo acompaña, y su viaje tendrá un final feliz." Y luego repite: "Seguro que regresará sano a casa". Entonces Ana deja de llorar. Recién entonces. A veces, cuando alguien está profundamente atrapado en la aflicción, debemos repetir dos o más veces las cosas que pensamos hasta que penetren en la persona.

Para Ana no es fácil esta despedida. Ella depende de Tobías en muchos aspectos. Por un lado su temor comprensible es: "¿Qué será de mí si no regresa? Yo envejezco y tengo la responsabilidad total por mi esposo, quien en su desamparo depende de mí". Y luego: "Hasta ahora siempre me ocupé de mi hijo. Él está acostumbrado a que todo en la casa esté preparado para él, que no necesite preocuparse por nada. ¿Quién se hará cargo ahora de esto? Este compañero de viaje es tan sólo un joven hombre. A mi Tobías le faltará la madre. ¡Quién sabe a qué peligros estarán expuestos ambos! ¡Los tiempos son tan inseguros!"

Si bien en el momento deja de llorar y lamentarse, seguramente por amor a su esposo ya que le está agradecida por su dedicación, por debajo permanece su profunda preocupación, que muy rápidamente vuelve a encenderse, como veremos más tarde.

¿Realmente no sirve de mucho si –como Tobit– tratamos de transmitir nuestra confianza en Dios o nuestra seguridad?

Si compartimos el camino con alguien inseguro y pleno de miedo como Ana, seguramente es bueno para ambos no perder esta sensación de protección y confianza, incluso y especialmente, en situaciones difíciles. Un ejemplo a tal fin es para mí una y otra vez Dietrich Bonhoeffer. Los versos que él escribió antes de su asesinato por parte de la Gestapo en 1945, nos hacen sentir hasta nuestros días su inmutable confianza en Dios, una confianza que a través de él permanece verdaderamente creíble en el sentido literal de la palabra: "Envuelto maravillosamente en la paz de poderes bondadosos, esperamos confiados lo que venga. Dios está con nosotros en la noche y por la mañana y ciertamente cada nuevo día".

Antes de compartir nuestra seguridad con nuestro compañero de viaje, ya sea fuerte o imperturbable, o se encuentre sobre un terreno menos firme, es conveniente tratar de colocarnos previamente en su lugar, en sus pensamientos, de ver la situación con sus ojos. Para ello puede resultar útil si realmente nos acercamos a nuestro interlocutor y nos ubicamos junto a él. Rafael vuelve a ser aquí un ejemplo absolutamente natural: en su camino con Tobías no permanece parado frente a él y le dice: "Yo veo las cosas de este modo y tú deberías verlas de igual manera", sino que, tras esta partida no del todo sencilla, comienza a andar con él y cuanto más crece la seguridad en Tobías, tanto más fácil es hablar sobre la confianza en Dios y la protección.

Pero todavía no llegamos a Tobías sino que estamos con la preocupada Ana. Para ella seguramente habría sido beneficioso si su esposo se hubiera sentado junto a ella a escucharla: "Creo que comprendo qué te preocupa. ¿Tienes miedo cuando piensas en nuestro futuro? ¿Temes que pudiera sucederle algo a Tobías durante su viaje?" Habría sido bueno si Tobit hubiera reunido la paciencia para escucharla nuevamente con todos sus temores. Mucho se torna más fácil cuando podemos expresarlo. Por otra parte, aquí se trata de temores totalmente realistas con los cuales Ana se atormenta. Y recién entonces, una vez que su corazón se desahogó, estaría lista para escuchar a su esposo y comprender cuando le pide: "Precisamente porque yo también veo toda esta amenaza no nos queda otra cosa que hacer: colocarnos confiados nosotros y a Tobías, juntamente con toda nuestra preocupación, en las manos de Dios. ¿Quizá podamos hacerlo ahora juntos?"

La fe significa también estar dispuesto a partir, a abandonar lo viejo, acostumbrado, consagrado, a arriesgar a lo nuevo, a mirar nuestras perspectivas, sin reaseguro, sólo en la confianza en Dios. De esta manera el joven Tobías emprende el camino junto a Rafael.

Camaradería

Estar juntos en el camino

Antes de la partida, Tobías prepara todo lo necesario para el viaje y se provee de todo lo que quiere llevar consigo. Puedo imaginarme que Azarías/Rafael, acostumbrado a viajar, podría darle muchas buenas sugerencias: vamos a necesitar esto y aquello, eso y lo otro puedes dejarlo aquí. Pero quizá también le haya formulado una pregunta similar a la que realizara Tobit anteriormente: "¿Qué necesitas, qué es realmente importante para ti?"

A veces resulta beneficioso tener que limitarse a lo necesario, no tener a nuestro alrededor muchas cosas superfluas. Un hombre de negocios que todos los años pasa un par de días en el convento para volver a sí mismo, opinó que precisamente esto es lo importante para él, esta limitación a lo simple, la claridad mental que surge ya por el hecho de que nada lo distrae, ningún teléfono, ninguna radio ni televisor, ninguna computadora ni Internet, ningún diario y tampoco libro alguno.

Como compañeros de viaje —o también como compañeros en el viaje de la vida— podríamos quizá preguntarnos mutuamente: ¿qué necesitamos en realidad? ¿Qué carga de prejuicios, de supuesta comprensión previa sería mejor dejar atrás para poder ir con mayor facilidad, movilidad y libertad por la vida? ¿No es reconfortante realizar regularmente un inventario para separarse de lo superfluo y volver a reflexionar sobre lo necesario, sobre lo que es nuestra imagen guía y pauta para nosotros?

Cuando en tiempos remotos los caballeros abandonaban sus castillos, llevaban consigo sus escudos para protegerse en la lucha y ante los peligros. El blasón en ellos servía como símbolo visible de su pertenencia a una familia, a un ducado o a un país. Un símbolo en la parte delantera –generalmente era una cruz– indicaba asimismo cuál era el valor más importante en sus vidas.

Si despedimos a un amigo y sabemos que comenzará un trayecto difícil, puede ser un buen regalo preguntarle si podemos entregarle un escudo de caballero en tamaño de bolsillo, y lo que pintemos sobre él como símbolo o inscripción o animal heráldico deberá ser algo que en épocas difíciles una y otra vez le brinde seguridad. Un hombre joven eligió en una oportunidad cuatro animales heráldicos, cada uno de los cuales personificaba para él una cualidad muy importante. Un burro representaba la terquedad, un elefante la paciencia, una lechuza la inteligencia y un pato el bienestar. Una joven mujer eligió un girasol con una vaquita de San Antonio, pero también con pulgones porque es importante no desterrar de los pensamientos el nacimiento y la muerte naturales, y el hecho de que dependemos unos de los otros. Una tercera eligió tres palabras que debían servirle como brújula o guía: amor, misericordia, verdad.

Cuando alguien emprende un nuevo camino puede llevar consigo algo simbólico que le dé sostén en sus propios valores pero que al final del viaje pueda verificar en cuanto a su validez. ¿Entretanto otra cosa adquirió mayor importancia para él? ¿Qué expresa esto sobre la evolución que experimentó en este tiempo?

Una vez provisto de todo lo que quería llevar consigo, Tobías se dirige a su padre y a su madre y los abraza. En otra traducción dice que: "Él los bendijo". Quizá el abrazo y la bendición sean realmente algo similar.

Si en la actualidad bendijéramos a alguien en la despedida mediante la imposición de las manos y una oración, probablemente se irritaría, pero un gesto de esta naturaleza —cuando resulte adecuado— puede tornar más fácil y consoladora una despedida difícil. En nuestro tiempo y en nuestra cultura no es habitual, e inclusive los abrazos no son algo natural en ciertas familias.

El momento de la partida es bueno y benéfico para Tobías y sus padres a través de esta bendición y estos abrazos; ellos perciben nuevamente la proximidad del otro y quizá también los pensamientos, esperanzas y deseos no expresados. Si buscamos una forma adecuada para nosotros mismos y para aquellos de quienes nos despedimos, tal vez no sea tan difícil. A veces digo: "Que Dios te proteja". Por experiencia, puedo afirmar que no se trata de una formulación que irrite al otro; puede comprenderla tal como la siento en lo profundo de mi corazón, pero también puede tomarla simplemente como una de las tantas muletillas cotidianas a las que no es necesario prestar mayor atención. Pero preparar conscientemente una partida es conveniente en cualquier caso, también para tener una vez más frente a nuestros propios ojos qué queremos llevar y qué dejar, y a ello corresponden también los buenos pensamientos para los que se quedan.

Más allá de todo lo que Tobías lleva consigo de su entorno familiar en este viaje, se suma algo especial. Allí se dice que: "Ellos emprendieron el camino y el perro del joven los acompañó". ¿Un perro compartiendo la casa o como acompañante? ¿Qué tiene de particular? Para nosotros en nuestra época no sería algo sorprendente. Pero en la época y en la cultura de la cual proviene esta historia es infrecuente, y en toda la Biblia no encontramos otra oportunidad en la cual un perro sea acompañante de un hombre.

Si tenemos un animal cerca nuestro, una u otra de sus cualidades será convincente para nosotros mismos por la mera observación: por ejemplo la capacidad de total distensión de un gato, o el arte de caer siempre sobre sus patas. Pienso una vez más en los cuatro animales heráldicos. ¿Por qué no debería estar también presente un gato? ¿O un perro? Un perro puede servirnos totalmente como imagen guía con su sentido del olfato, su atención con todos los sentidos, con la nariz para lo ambiental, también para lo amenazador, y con la sensibilidad para saber en qué estado de ánimo y en qué condición psíquica o física se encuentra la persona a la cual se unió. Un perro tiene para ello una sensibilidad selecta. Y nos demuestra lo que a veces amenaza con perderse: esta sensación de integridad, de confianza en el propio instinto, su disposición a no ser rencoroso, su intuición y también su fuerza y su energía natural y placer por la aventura con el cual investiga su entorno cuando camina delante de nosotros, o detrás, o corre en amplios círculos por el lugar.

¿Habrá sido su perro para Tobías no sólo compañero sino también un poco maestro? ¡Por qué no! En realidad, todo puede servirnos de manera similar si nos prestamos a ello, cualquier paisaje, cualquier panorama, cualquier estado de las nubes, cualquier árbol junto al camino. Sí, cualquier árbol. Recuerdo una serie de manzanos junto a la carretera. Sin intención alguna, sin reflexionar, los observé pero un árbol cada vez llamaba más mi atención, mi interés, mi curiosidad. Los demás árboles eran bonitos, agradables y erguidos, como muñecas Barbie. Sólo éste había crecido torcido, había perdido una rama, la corteza presentaba una cicatriz. ¿Qué destino había tenido? ¿Había esquivado un curso de agua cuando comenzó a crecer torcido? ¿Debió soportar fuertes tormentas? Miré los otros árboles, pero nuevamente éste atrajo mi mirada, y de pronto tuve frente a mis ojos una mujer que unos días antes me había preguntado desesperada, por qué ella no podía ser tan amable y armónica, y tan bonita como sus dos hermanas. Sólo un deseo la dominaba: ser como ellas. ¡Qué pena! Porque precisamente sus ángulos y bordes, el rostro particular, inconfundible, lograban su encanto especial. Si realmente fuera como las demás, ¡qué poco sería ella misma, cuán intercambiable sería!

Este manzano, en cierto modo continuó siendo hasta el presente un acompañante para mí como imagen del estímulo, el encanto y la dignidad que conceden nuestra singularidad y la exclusividad del propio destino

Árboles como maestros. Y un camino a través del paisaje como imagen del camino de nuestra vida.

Si pienso en ambos, en Tobías y en Rafael, generalmente los veo uno junto al otro en su viaje, a veces hablando entre sí, a veces en silencio. En el momento preciso no decir nada, no querer explicar todo de inmediato, no entrometerse sino otorgar espacio al otro para sus propios pensamientos, sus propias conclusiones, su propio desarrollo, dejar en sus manos la conducción de sí mismo aunque a veces pensemos saberlo mejor que los demás: éste es el acompañamiento verdaderamente estimulante y benéfico. Dar espacio en vez de llenarlo nosotros mismos con nuestro saber, que por cierto proviene de nuestro propio sistema y puede ser correcto para este último, pero que para otro no sea sabio sino más bien sólo en parte inteligente. Hay momentos en los que andamos juntos sin conversaciones significativas, simplemente así, disfrutando el silencio natural o el andar y el estar juntos, la belleza del mundo, el aroma y la luz. Quizá Rafael y Tobías hayan compartido sus observaciones cuando un camino en el valle hacía creer que se perdía, que finalmente terminaba, como si condujera a lo incierto, de manera similar a como a veces sentimos en los abismos de nuestras vidas. Quizá hayan intercambiado palabras al respecto, acerca de qué difícil puede ser, sin embargo, continuar andando, con el resto de confianza en lo que vendrá, y qué bueno es tener entonces un amigo a su lado. Al detenerse en alguna elevación y mirar alrededor, probablemente Tobías haya aprovechado el momento para reflexionar sobre su vida, sus planes y sus objetivos, e intercambiar sus ideas con el compañero.

El mero hecho de salir de vacaciones o de viaje ya nos proporciona una distancia clarificadora respecto de nuestra situación de vida, de manera que podemos mirar mejor y comprender. Para un inventario de este tipo podemos observar el paisaje de nuestra vida como desde la perspectiva de un pájaro, quizá también dibujarlo en una gran hoja de papel sin mayor pretensión de calidad artística. Todo lo que forma parte de nuestra actividad cotidiana hallará su lugar, casi como en un juego, de manera que podremos ver más claramente, estimar, evaluar y reordenar. ¿Dónde estoy presente con mi corazón en el paisaje? ¿Dónde tengo la sensación de estar en el lugar adecuado, dónde siento para qué estoy en el mundo? ¿Y dónde existen ámbitos en los cuales no se requiere mi corazón cálido, mis talentos, mi fantasía y mi creatividad, o sea, que en realidad sólo estoy físicamente presente? ¿Dónde desempeño un papel que en el fondo me resulta ajeno? ¿Qué campos son hostiles, ofensivos o perjudiciales para mí? ¿Cuáles son estimulantes para mi vitalidad, mi crecimiento, mi desarrollo, mis relaciones, mi competencia, mi salud, mi alma?

Mucho de esto puede clarificarse mediante una conversación con un compañero. Si nos encontramos en una situación de decisión, confundidos por las muchas posibilidades, los diversos caminos que se nos ofrecen y entre los cuales debemos elegir, podemos poner orden a la confusión al preguntarnos: ¿exactamente, cuántos son los caminos posibles? Y luego imaginarnos uno tras otro: si éste fuera el camino, ¿cómo sería mi vida en dos años? ¿Cómo sería entonces mi vida cotidiana y la relación con mi familia o con mi pareja? ¿Qué haría en mi tiempo libre? ¿Qué posibilidades habría para mi capacitación? Algunos de los caminos podrán reconocerse de inmediato como callejones sin salida pero otros quizá requieran una investigación más detallada para poder evaluarlos. De todos modos, puede resultar divertido ubicar colorida y plásticamente frente a nuestros ojos un escenario a través del diálogo conjunto. La orientación y por ende la decisión, será probablemente fácil, o al menos más fácil.

Este viaje fantástico en conjunto tiene otra ventaja más: los objetivos permiten avanzar. Si tenemos una visión clara de lo que nos colmará y entusiasmará en dos años, esto actúa como un imán del que emana energía.

Los americanos preguntan: *What makes you run?*, es decir: ¿Qué es lo que te pone en movimiento, que te da energía, cuál es tu motor, tu motivación? Imaginar el lugar de nuestra determinación, hacia el cual nos dirigimos, también nos permite atravesar más fácilmente los períodos difíciles. De todas maneras, no veo a ninguno de los dos, ni a Tobías ni a Rafael, desplazarse con sus miradas afligidas dirigidas al suelo sino que avanzan mucho más erguidos y sin esfuerzo, con los ojos puestos en la próxima meta.

En el acompañamiento de viaje, siempre vale la pena prestar atención a la postura de aquel con quien compartimos una porción del camino de vida. Probablemente responda a su sensación interior, a su situación psíquica. Vista de este modo, en todos los casos es "correcta", es decir, no da lugar a ver que necesite una corrección. A partir de la actitud corporal de otro conocemos mucho de él y tenemos la oportunidad de conocer más sobre nosotros mismos si tenemos junto a nosotros a alguien que de manera cariñosa nos dice lo que ve. "Estás igual que *Charly Brown* frente a los *Peanuts* cuando está destruido en sí mismo y con el mundo". Seguramente ya me sentiría en cierto modo aliviada de ser vista y comprendida así sin tener que dar mayor explicación sobre mi situación. "Es cierto, me siento realmente así. Sabes..." y luego contaría acerca de mi aflicción.

La postura muchas veces es la imagen de lo que sucede en una persona. Así por ejemplo, una persona con el pecho hundido y los hombros caídos parece que carga un peso, y realmente, tiene dificultades en la vida, le cuesta cargar con algo. U otra participa muy poco de la conversación y cada vez que dice algo cubre su boca con la mano como si debiera retener manifiestamente sus palabras. En verdad, siempre hay alguien cerca que le prohíbe hablar o lo convence de que es irrelevante lo que dice. Seguramente todos nosotros conocemos muchos ejemplos de situaciones internas que moldean la postura de una persona o que pueden influir sobre ella.

Pero también ocurre lo contrario: la postura influye sobre la actitud. Debemos probar qué se siente: a partir de una situación totalmente neutra pasamos a la típica actitud del deprimido, la mirada hacia el suelo, los hombros caídos, y enseguida nos sentimos en cierto modo oprimidos. Cuando luego nos levantamos y respiramos profundamente mirando a nuestro alrededor, irguiendo los hombros como si arrojáramos una mochila pesada, y quizá por arte de magia colocamos una sonrisa en nuestro rostro aunque nada nos haga sonreír en ese momento, entonces será muy probable que nos sintamos más aliviados y de mejor ánimo. ¿Y por qué no tratar de hacerlo, simplemente así porque sí?

Precisamente cuando acompañamos con amor y comprensión a una persona que tiene dificultades, deberíamos verificar una y otra vez si por tanto preocuparnos por ella no adoptamos su postura corporal oprimida. A ninguno de los dos nos resultaría útil. Significa, por lo tanto, que deberíamos prestar atención a nosotros mismos también y precisamente en el aspecto físico. Por otra parte, en tiempos de inseguridad, debilidad y vulnerabilidad podemos ocuparnos ante todo de pisar suelo firme, en el más estricto sentido de la palabra. Mi mejor receta contra el nerviosismo fue siempre adoptar una postura distendida y erguida durante uno o dos segundos, para luego exhalar el aire profundamente, encoger ligeramente los hombros hacia abajo y trasladar lo más abajo posible mi punto gravitacional: si estoy sentada, a la superficie de la silla; si estoy de pie, al suelo. Con esta actitud es difícil exaltarse.

Cuando en mi fantasía trato de ver a este Azarías como compañero de viaje, siempre pienso que él está para este viaje como ángel para Tobías, inspirado y quizá dirigido por Rafael, pero totalmente humano, confiable y real. Cuanto más pienso en las posibilidades de una buena compañía de viaje, humana para nuestros semejantes, y cuanto más busco y encuentro en esta historia mis modelos, tanto más normal y natural me parece esta representación de la "compañía inspirada en un ángel".

Por cierto, como compañeros de viaje humanos, debemos atender y respetar nuestros límites humanos. A ellos corresponde que no debemos caer en el síndrome del auxiliador, por más hermoso que se sienta ser necesitado. Es mejor estar allí hacia donde nos conducen pero no querer ayudar a cualquier precio y perseguir las situaciones al querer hacernos útiles. Si nos sorprendemos así, deberíamos tener en claro que probablemente tratemos de cubrir problemas propios no elaborados al acumular sobre ellos los problemas de los demás.

Otra trampa es aquella por la cual no notamos oportunamente dónde gastamos demasiada energía, dónde –como lo describió duramente una enfermera– "nos desangran y exprimen". Suena un poco desagradable pero describe exactamente lo que puede suceder cuando una persona a la que acompañamos se remite excesivamente a nosotros y nos ve como eje y punto cardinal de su vida, como bombero, como auxilio ante toda emergencia y principalmente como responsable de ella. Ni siquiera es bueno para ella misma, ya que cuanto más respondamos a su absorción con cuidados, atención permanente y ayudas continuas, tanto más desamparada la haremos. No bien desarrolle otra vez un sentido de responsabilidad por sí misma, en lugar de estimular su propia fuerza y la energía que la sostiene, se verá confirmada en su debilidad. Para mutuo beneficio deberíamos liberarnos de tal situación inconveniente, surgida a partir de una ayuda malentendida y a menudo también del amor, al devolverle conscientemente al otro la competencia por su persona, como si soltáramos cuidadosamente un cordón de enlace, lo desenrolláramos afectuosamente y lo obsequiáramos con respeto.

Esto también es importante porque de lo contrario llegaríamos pronto al final de nuestras fuerzas o nos protegeríamos de un modo poco saludable frente a esta sobreexigencia –lo cual es una reacción habitual– a través de una "impermeabilización" emocional, al volvernos duros y fríos en un punto en el que éramos muy sensibles, por ejemplo –como lo observé en muchos casos– a través de una enfermedad. Entonces al menos el cuerpo fija límites que nosotros mismos no estamos en condiciones de establecer. Una solución de emergencia que nos sugiere volver a analizar cuidadosamente y definir nuestra función de acompañante.

Otra trampa en la que podemos caer cuando queremos ser compañeros de viaje especialmente buenos es la suposición de que debemos ser entendidos, maduros, serenos, preparados, experimentados, inconmovibles, en pocas palabras, que debemos ser perfectos si queremos ponernos a disposición como acompañantes. Es un error. En primer lugar, seguramente nunca alcancemos este estado, y digo: ¡ojalá nunca lo alcancemos!, ya que si termina el aprendizaje y el crecimiento y el desarrollo, también termina la vitalidad. Por otra parte, me imagino que un compañero de viaje perfecto, siempre conocedor, instruido y experto debe ser bastante desagradable. Le falta eso que –según la definición de mi amiga– lo podría convertir en un ángel: la humanidad.

Una asistente espiritual no remunerada en el hospital tuvo durante mucho tiempo la idea de que debería estar provista de las recetas correctas para el tratamiento óptimo de los enfermos para poder perder su inseguridad. Pero precisamente una receta así sería –si existiera– tan sólo una barrera entre ella y el paciente. Recién se liberó de sus temores cuando comprendió que allí donde fue enviada por Dios también recibiría el valor, la franqueza y la calma para ello, y que ella ya percibiría qué necesitaban los pacientes de ella. Antes de entrar a una habitación no asistió como habitualmente a la función de su "cine mental del horror". "Es terrible, y tampoco hoy sé qué es lo correcto que debo hacer o decir". En cambio permaneció abierta, preparada y dispuesta a aprender tal vez también del paciente. Simplemente se dijo: "Vamos a ver qué pasa".

La posibilidad de aprender de quien acompaño es un regalo mutuo. Si aprendo algo más, naturalmente recibo algo, pero aquél a quien acompaño también gana: al transmitir de esta manera tomará real conciencia de su riqueza.

Compañeros en el camino. Es agradable cuidarse recíprocamente, de manera de permanecer en el flujo orgánico de dar y recibir. Compartir mutuamente sus experiencias es la provisión ideal para el viaje, intercambiar sus fuentes de energía, oasis y refugios, por ejemplo acerca de un secreto jardín fantástico, dispuesto afectuosamente con todo lo que el corazón anhela, con arco iris en el reflejo de la fuente, con flores multicolores, plantas medicinales, frutos maduros y callados sitios de reposo a los cuales es posible retirarse en el pensamiento cuando la vida es ruidosa y agotadora. O pueden contarse en el camino sus historias favoritas, cuentos y parábolas para reflexionar, que siempre son también una pequeña y colorida pieza didáctica. Amo estas anécdotas, estas fábulas, parábolas y leyendas, obsequios mutuos de naturaleza propia que intercambio con mis amigos y mis compañeros de viaje. Tales historias tienen la magnífica cualidad de unirse por sí solas en tal o cual situación, cuando justamente puedo necesitarlas, para mí misma o para otra persona.

Desafío

Enfrentar el miedo

La primera noche de su viaje Tobías y Rafael llegan al Tigris. Allí quieren pernoctar. Cuando Tobías desciende hacia el río para bañarse, un gran pez emerge repentinamente de las aguas y quiere devorarlo. Tobías grita espantado. Nunca se había visto frente a un monstruo tan atemorizante. Duro de miedo, en medio del agua, semidesnudo y desamparado, sin arma, se siente tan desprotegido expuesto a su temor, que ante el pánico no sabe cómo ayudarse.

A veces nos sucede algo similar cuando nos domina el miedo, quedamos como paralizados y ciegos sin acceso a nuestros auxilios y estrategias habituales con los cuales en otras ocasiones tenemos el dominio de nuestra vida. Aquello que alarmante e inesperadamente irrumpe sobre nosotros, que ni siquiera podemos nombrar, parece dominarnos completamente.

Cuando un miedo tal acomete a un hombre, generalmente se suma también que él intente no permitirse este miedo, ya que no se adecua a la propia imagen de fuerza superior que con gusto formaría de sí mismo. Cierto actor, quien después de años de éxito profesional un día –como de la nada– invadido por la fiebre de candilejas, fue incapaz de desempeñar un papel, trató de luchar contra este pánico mediante el alcohol y luego con tranquilizantes. Pero ambos amortiguaron su facultad mental de manera que le costaba memorizar sus textos y entradas. Nada servía. Él debía entenderse con su miedo indescriptible y para ello debía tomar forma. ¿Qué era realmente, cómo era aquello que le provocaba tal temor, por lo cual entraba en pánico? Una vez que se abocó a ello, de inmediato una imagen se formó ante sus ojos: un animal, mayor que él, incalculable y astuto: "¡Cobarde! Sí, eres un enorme cobarde, eso eres. ¡Repugnante!" Y ahora comenzó a injuriar a este ser y a arrojar sobre él toda su ira hasta que, agotado, sintió curiosidad por saber cómo reaccionaría el cobarde frente a su bombardeo de injurias. Cuando tentativamente se introdujo en él, extrañamente se le ocurrieron respuestas muy sensatas: "¡Seguro que debo infundirte miedo, ya que desde hace tiempo veo que estás viejo para el papel del joven amante! Debes modificar tus ideas y sólo lo consigo al provocarte pánico. Es hora de que te busques otros papeles. ¡Ya es hora!" Cobarde astuto. ¿Pero realmente podrá hacerse oír provocando pánico? Ambos, él y su cobarde, discutieron durante un rato y finalmente llegaron a un acuerdo: basta de estos horrendos ataques de miedo, "y para ello comienzo ya a preocuparme por papeles interesantes de los personajes. Hasta construir algo allí, realizaré no obstante un trabajo sincero en el personaje antiguo sin la ambición desesperada de continuar aventajando a los jóvenes". Este pacto realmente solucionó el problema.

De un modo tan creativo podemos llegar a una solución si comprendemos que el miedo, incluso cuando nos parezca sin sentido, casi siempre lo tiene si nos ocupamos de él. Y tiene la tendencia agradable de desaparecer una vez que manifestó su culpabilidad. Observar lo que nos provoca miedo, tomarlo con seriedad y comprender el beneficio que allí está oculto para nosotros puede abrir horizontes.

Tobías, frente al pez enorme y amenazante, se encuentra duro del susto en medio del río; es esclarecedor observar el comportamiento de Rafael como compañero de viaje. Él no toma por cierto un gran cuchillo y salta encima, no lucha victoriosamente contra el pez y tampoco Tobías se encuentra chorreando agua junto a la orilla con la sensación deprimente de no poder arreglárselas con algo así. Nada de eso. Rafael permanece en la orilla y le grita a Tobías: "¡Atrápalo!" No le grita: "¡Nada hacia otro lado tan rápido como puedas!" Quizá hubiera sido lo correcto en otra situación. A veces es sabia la decisión de alejarse. Pero si en ese momento Tobías escapara y no enfrentara el peligro, probablemente se sentiría incapaz de dominar su temor y quizá durante toda su vida lo persiguiera esta sensación de debilidad y fracaso, si no la superara conscientemente en alguna otra oportunidad.

Si tenemos una persona junto a nosotros que con natural confianza nos da coraje en una situación tal, es útil: "¡Tú puedes lograrlo!", de manera que su confianza se traslade a nosotros. Con esta confianza, con esta confianza en uno mismo, crecen nuestras fuerzas, o mucho más: volvemos a tomar conciencia de las fuerzas que tenemos dentro, tenemos acceso a la presencia de ánimo, a la creatividad y a las estrategias de solución, y podemos entonces manejar nosotros mismos una situación compleja. Una vez más, la protección que Tobías experimenta de Rafael no lo estrecha mediante expectativas a partir de un sistema rígido como el del padre: "Debes ser así y asá para poder subsistir frente al hombre y frente a Dios". Tampoco lo protege a través de un temor sobreprotector como la madre: "Es preferible que no te expongas a ningún peligro, no enfrentes lo incontrolable, lo imprevisible, quién sabe qué podría sucederte". Rafael deja espacio para las propias decisiones y confianza en las propias fuerzas.

Para mí representa así un modelo ideal cuando acompaño a alguien en tiempos de desafío. En lugar de correr el peligro de desarrollar mis propias estrategias de ayuda para el otro, me concentro en fortalecer sus propias fuerzas o en hacerle sentir el suelo bajo sus pies. A veces resulta útil entonces, si le pregunto al otro –cuando la tormenta ya arrecia– dónde tiene las raíces su árbol de vida. Volver a reflexionar acerca de lo que alimenta, de lo que es el trasfondo y el ancla, lo que llega hasta las fuentes, puede desterrar la inseguridad: el sostén en la propia experiencia de vida y competencia, en la fe, en la relación con la familia y el círculo de amigos, en la relación con la naturaleza, con la luz, los colores y el sonido, o también la orientación hacia una persona cuya vida fue o es para él precisamente ejemplar.

No debemos atribuir al otro valentía heroica y temeridad –los héroes muchas veces sólo están dispuestos al riesgo y son valientes por falta de fantasía– sin confianza en los medios y posibilidades absolutamente únicos que sólo él posee para manejar por sí mismo la vida durante la crisis. Quizá también ayude una simple pregunta como "¿Cómo te sientes en tu elemento?" Este elemento puede ser investigado al pie de la letra: ¿se trata de la movilidad y transparencia del aire, de la energía y fuerza de radiación del fuego, de la capacidad purificadora y de adecuación del agua o del suelo y alimento que brinda la tierra? ¿Cuáles son las "fuerzas elementales" que conforman tu fortaleza?

Dar coraje significa ante todo lograr que el otro tenga presentes las fuerzas totalmente propias que viven en él. A ello corresponde que nosotros, como compañeros de viaje, tengamos por nosotros mismos alegría para observar y estimular con asombro y admiración la singularidad, el carisma y las aptitudes del otro. No deberían estar en primer plano las carencias, los problemas, los obstáculos y las dificultades. Ya con bastante claridad las ve la otra persona. Más tarde, con una retrospectiva de los peligros existentes, puede servir absolutamente como material didáctico para la vida. Pero en la situación aguda somos mucho más útiles como compañeros si brindamos sostén como Rafael le brindó a Tobías.

Tobías toma el pez y lo arroja a la orilla. Por lo tanto, pudo hacer eso y superó el peligro. Y ahora Rafael le indica un camino importante para aprovechar lo que antes sólo fue amenazador y atemorizante. "Si ahora cortas el pez y lo divides en partes, conserva el hígado, el corazón y la hiel; son buenos como medicamentos, y el resto podemos freírlo". En cierta traducción dice incluso que habrían conservado algo más para hacer charqui –muy práctico al tratarse de un animal por cierto tan enorme, también como provisión para el camino que aún debían recorrer.

Podemos utilizar todo lo que oculta un desafío, una crisis, un problema superado. No debemos conformarnos –para continuar con la imagen– con vencer al pez y dejarlo luego librado a las aguas. Desistiríamos de una oportunidad. Aquello que hemos atravesado y frente a lo cual nos hemos impuesto, aquello que hemos vencido deberíamos descomponerlo, separarlo y observarlo, deberíamos comprender qué tiene por dentro, qué contenidos se tornan visibles, deberíamos freírlo luego, es decir, hacerlo útil y aprovechable para nosotros, masticarlo bien, tragarlo recién entonces y, ante todo, digerirlo con calma. Todo lo que catalogamos como fuerzas oscuras y negativas puede ser transformado de esta manera; filtrar la energía de la agresión y utilizarla y transformar con posterioridad las vivencias de apariencia negativa en fuerzas positivas que adquirimos precisamente de esta experiencia.

Por ejemplo una mujer, que sentía gran temor frente a la crítica de sus superiores, siempre esquivaba por todos los medios la ocasión en la que hubiera debido enfrentar una evaluación. No obstante, en algún momento llegó a la situación que siempre había evitado. Si bien no se mostró gloriosa en soberanía y tranquilidad –tampoco hubiera sido esperable– tomó su corazón con ambas manos y escuchó las opiniones y puntos de vista de su jefa, fueran éstos justos o injustos, objetivos o subjetivos. Luego comprobó que seguía teniendo su cabeza, que nada había derivado en insultos ni tampoco existió amenaza de despido ni nada del horror que había temido –de modo completamente irracional. Lo había logrado.

Cuando más tarde pude servirle como interlocutora, utilizamos la experiencia al mejor modo del "procesamiento del pescado": en primer lugar sintió una vez más qué reaccionó dentro de ella frente a la crítica, y en qué forma. Y comprobó que allí existían tres partes: la "pequeña niña" que testaruda y furiosa no quiere escuchar nada; luego una sensación incierta de temor en el estómago, muy humana, y finalmente una parte reflexiva y adulta. Ella valoraba las tres partes como integrantes de sí misma y totalmente convenientes, ya que la pequeña niña estaba colmada de energía, el sentimiento de temor la alertaba oportunamente frente a los peligros y la reflexión la había protegido de encolerizarse y escapar. Después de sentirse de acuerdo consigo misma, se ubicó mentalmente del lado de la jefa y se preguntó cuál podría haber sido el objeto de estas palabras, qué resultado habría deseado y cómo podría haberse sentido en esta conversación. Fue muy útil. La pregunta siguiente, una pregunta en sí misma, no fue entonces tan dolorosa, a saber: si en aquello que había dicho la otra no podía existir un granito de verdad, o tal vez dos o tres. Una vez que lo descubrió fue el momento de considerar qué podría aprender de ello y qué podría modificar. Y por último reflexionó durante un tiempo acerca de cómo ella misma criticaba a los demás, y cómo podía practicar la crítica de manera buena y constructiva, de manera no hiriente. Así estaba toda la cuestión integrada, o "digerida".

Otra mujer joven sentía grandes temores a ser abandonada, pero siempre esquivó esta sensación que la amenazaba. Una vez que observamos en conjunto el temor, quedó en claro para ella cuáles fueron las experiencias en su vida que la condujeron a ello. Su padre había fallecido pocos años antes. Como dijo ella, sencillamente se desmoronó al comer cada vez menos y finalmente falleció por falta de fuerzas. Al observar en detalle, a ella no le resultó ya tan evidente que él la hubiera abandonado. Él continuaba estando presente para ella en todos sus mensajes de apoyo que siempre tuvo y que perduraban. En este legado interior estaba a su modo con ella. En las situaciones críticas, ella suponía muchas veces sus respuestas a las preguntas y ella podía alcanzar lo que le había importado a él y era así incuestionablemente imperdible. La vivencia de una relación destruida la comprendió ella al mirar en detalle como un abandono mutuo, es decir, ya no se sentía una pobre víctima abandonada. Por esta razón, tal como ella reconoció, estaba en condiciones de conformar una nueva relación con todas las posibilidades de éxito y persistencia.

La tercera experiencia fue un abandono de naturaleza peculiar. Su madre se alejó cada vez más a través de su enfermedad de Alzheimer. Apenas podía llegarse a la personalidad que alguna vez fue; cada vez más era una niña desamparada. Aquí comenzó a agotar todas las posibilidades para poder disponer esta partida de tal forma que no alimentara a partir de aquí su antiguo temor: "Siempre me abandonan". Para ello debió aprender a aceptar este proceso por cierto doloroso que trajo aparejado la enfermedad de la madre, y comprender que un niño que desarrolla sus aptitudes y se modifica, no por ello "abandona" a sus padres, y que esto en cierto modo es comparable al proceso en el cual la madre de manera similar pero recíproca se transforma mientras que ella poco a poco sacrifica sus aptitudes. La joven mujer debió reformular activamente una y otra vez en la época siguiente la relación con su madre, siempre de acuerdo con la enfermedad de lenta evolución. Cuando tomó conciencia de esta tarea desapareció la sensación de estar expuesta, ya no se sentía como una víctima pasiva amenazada por el abandono. Ella sabía que las tareas que debería asumir en la etapa siguiente no serían sencillas pero estaba preparada a enfrentar la situación.

Si como compañeros de viaje podemos contribuir a que el otro acepte un desafío y cree coraje de manera de no esquivar el peligro, puede convertirse en una de las ayudas más hermosas y fuertes. Pero quisiera prevenir frente al hecho de empujar a alguien a tal desafío. Los consejos bienintencionados brindados con presión o al menos con insistencia, tales como "debes finalmente reconocer tu sombra", o "no debes continuar reprimiendo lo que hace tiempo debe salir a la luz del día", o "si te ayudo, podrás sacar los fantasmas del pasado y vencerlos definitivamente", tales intentos bienintencionados para ayudar pueden ser peligrosos ya que quiebran una conveniente protección. Alguien que no recuerda lo doloroso, amenazador o desagradable, que reprime los temores a veces durante años o décadas tendrá su motivo para ello, aunque conscientemente lo desconozca. En el momento actual todavía no es capaz de ocuparse de todo eso sin enfermar ni quebrantarse. Es mejor entonces para el acompañante fortalecer la seguridad, la seguridad en sí mismo del otro, su confianza en la protección de Dios hasta que el sentimiento de protección, tranquilidad y confianza crezca tanto que un día, a su tiempo, ya no necesite la barrera de la represión y el olvido. Recién entonces sería oportuno nuestro: "¡Atrapa al pez! ¡Coraje!

A la mañana siguiente, antes de continuar ambos el viaje, Tobías se había tranquilizado tanto después de su aventura que deseaba saber para qué debía conservar el corazón, el hígado y la hiel del pescado. "El corazón y el hígado pueden servir como incienso", dice Rafael, "cuando alguien está atormentado por espíritus malos. Y la hiel es un buen remedio para los ojos". En principio, esta respuesta satisface a Tobías.

Cuando hemos superado un problema con peligro y temor y digerido los conocimientos e ideas, es decir, que están integrados, existe algo más para lo cual quizá necesitemos a un amigo, un compañero, que nos abra la mirada. Son los "buenos medicamentos" que podemos llevarnos de esta experiencia. Otra persona puede hacernos conscientes desde su óptica de lo que en nuestra historia simbolizan el corazón, el hígado y la hiel del pescado, inclusive mientras estemos en esta aventura de la vida, en medio de este desafío. Ejemplo de ello es la comprensión y la capacidad de intuición: aptitudes útiles y sanadoras no sólo para nosotros mismos sino a través nuestro para los demás, una nueva forma de dedicación que puede fomentar la sanación incluso en lo que simbolizan el hígado, el corazón y la hiel, en los ámbitos de las sensaciones y emociones profundas, en los ámbitos del amor y del dolor.

Allí, en el río, Tobías se enfrentó consigo mismo en una situación que ya no le permitía escape alguno.

El Tigris se convirtió en el lugar de paso, de la transición de la cuidada dependencia infantil a la independencia adulta y valiente. Él no sólo soportó un peligro sino que lo aceptó con su temor, con su propia sombra. Si nosotros mismos nos hemos experimentado de manera similar, también habremos logrado ser más capaces de ver a los demás en sus temores y comprenderlos mejor, de modo de poder acompañarlos, quizá en forma similar a Rafael.

En esta escena Rafael no actúa como ángel de la guarda como aquellos que vemos representados en las imágenes del penúltimo siglo, que acompañan a los niños pequeños a través del susto y el peligro. Él es el ángel que da valor para descubrir la propia fortaleza y grandeza.

No obstante, precisamente esta imagen del ángel de la guarda, de los niños puede actuar en forma similar, la experimenté asombrada cuando acompañé a una joven mujer a través de grandes temores. Su pequeña hija, todavía bebé, debía atravesar una peligrosa operación del corazón para poder sobrevivir, no obstante, su chance de sobrevivir no superaba el cincuenta por ciento. Pocos días antes de la intervención, la madre de la pequeña encontró casualmente en el desván un cuadro de la herencia de su abuela: allí, un gran ángel llevaba de la mano a un niño a través de un río torrentoso. Lo que nos "cae en suerte" de esta forma podemos pasarlo por alto o capturarlo agradecidos y aceptarlo como obsequio. Mi tarea como acompañante se limitó en aquella época a compartir mi asombro sobre esta casualidad −si es que realmente lo fue. De lo contrario, tal vez simplemente hubiera despreciado un cuadro de mal gusto y lo hubiera descartado. Pero ahora era como un mensaje en el momento justo que despertaba en ella valor y confianza en Dios y la fortalecía. Se convirtió en una imagen interior de confianza que la protegía de transmitir sus propios temores a su hijita. La beba, entonces enferma de muerte, tiene ahora cinco años plenos de vida.

Relación

Mirar con los ojos del amor

Cuando ambos continúan la marcha y Tobías pregunta dónde pernoctarán, Rafael le cuenta acerca de una familia amiga que conoce bastante bien de viajes anteriores y que inclusive pertenecen a la misma tribu que Tobit y Tobías.

Para mí como compañera de viaje, algo así corresponde a los servicios amistosos más reconfortantes: establecer vínculos y lazos entre las personas que aprecio especialmente, y permitir que se conozcan entre sí mis amigos. Antiguamente desempeñaba un papel fundamental la gran familia y la afirmación, tan gráfica, si "provenimos del mismo corral". El trasfondo espiritual, social y cultural y un grado de formación similar eran un fundamento natural para suponer que estas personas tenían algo que decirse, que pueden surgir amistades, o que –como en nuestra historia– se forma una pareja.

En nuestros días seguramente es más probable que allí haya nacido una familia elegida. Los amigos de la juventud pueden formar parte de ella, también los colegas con los cuales compartimos intereses profesionales, conocidos casuales y naturalmente a veces también uno u otro integrante de la familia. Están presentes personas que nos complementan y otras que precisamente por su diferencia nos desafían y cuestionan; otras que nos enriquecen con su humor y su espíritu; otras a su vez con quienes nos gusta estar cuando algo nos conmueve profundamente, o con quienes intentamos modificar para mejor una porción del mundo; o amigos con quienes compartimos nuestra afición. Es atractivo y satisfactorio observar cómo se encuentran estas personas, quizás en una invitación, en una fiesta o en un emprendimiento en común, y cómo surgen nuevas amistades y compañías de viaje, inclusive quizá un amor.

Si presto atención al resto de la conversación de Rafael y Tobías tomo mayor conciencia de cuánto puede influir nuestro punto de vista sobre los semejantes. Si transmito opiniones negativas o prejuicios, o si me formo mi propia imagen, si observo a mi vecino con desconfianza, envidia y escepticismo o si veo a las personas tal como son amadas por Dios con todas las posibilidades que aún pueden realizar y mantengo frente a mis ojos su riqueza interior y su dignidad. Siempre debo tener presente que, a través de lo que pienso, desprecio o valorizo una imagen del hombre y que, con lo que digo, influyo negativa o positivamente la óptica de mi interlocutor. Lo que no quiere decir que debería halagar un destino u ocultar una razón oscura sólo para presentar a una persona de manera amable e inofensiva, como si no debiera enfrentar los desafíos que dan peso y significado a su vida.

Rafael cuenta a Tobías acerca de Raguel, en casa de quien pasarán la noche, y ante todo le cuenta de Sara, la única hija de Raguel, cuya herencia –de acuerdo con la tradición– debe permanecer en la gran familia después del matrimonio. Una y otra vez

Raguel había creído encontrar el yerno adecuado pero antes de consumar el matrimonio todos los jóvenes habían fallecido. Aparentemente ninguno era de la tribu o de la amplia familia de Raguel. ¿Era éste un motivo para este fracaso de los pretendientes y su trágico final atribuido a un demonio del que presuntamente Sara estaba poseída? No obstante, Rafael dice con claridad: "A ti, Tobías, te corresponde esta herencia, eres el único familiar que entra en consideración. Sara es la mujer para ti". Tobías está más que escéptico, dado que escuchó que está en juego un demonio maligno. Si también lo mata a él, ¿qué será entonces de sus padres? Si bien en este momento Tobías parece reaccionar como adulto al presentar como primer argumento de su vacilación y rechazo, la responsabilidad por el padre y la madre. Pero en sus pensamientos se trata exclusivamente del sistema de los padres.

Rafael no lo contradice, permanece en sus ideas junto a Tobías, observa en principio la situación desde la óptica de Tobías, lo comprende y no ofrece argumentos opuestos sino que, al contrario, fortalece el curso de estos pensamientos. Naturalmente es importante pensar en lo que es bueno para los padres. Pero justamente a través del casamiento con Sara se cumpliría un deseo profundo del padre. Entre los muchos consejos e indicaciones que Tobit le dio a su hijo para el viaje también estaba éste: "Busca una mujer para ti de nuestra tribu, una que esté educada en nuestra fe, en nuestra tradición". Además, lo que los padres desean intensamente para sus hijos no es por cierto una pusilanimidad o un recelo alimentado de calumnias o rumores sino mucho más una capacidad de juicio propia, un poder de decisión adulto y una vida exitosa, y a ello corresponde también la concreción del amor, la cercanía y la calidez, y una riqueza interior que una buena pareja puede brindar.

"No te preocupes por esta historia del demonio", dice Rafael. "El corazón y el hígado de pescado son buenos como incienso contra los malos espíritus. ¿Lo recuerdas?" Y luego Rafael comienza a enderezar la imagen distorsionada de Sara. Ella no es una asesina de hombres, alguien poseído por el demonio como dice la gente, sino una joven mujer bella, encantadora, honesta y valiente. Tobías confía más en lo que le describe su compañero de viaje que en los rumores que circulan. Confía en los ojos de su amigo más que en sus propios prejuicios, ya que comprobó cómo Rafael lo ve a él mismo con sus verdaderas fortalezas y valores y lo apoya.

Tobías está entonces dispuesto a dejar de lado las expectativas –en este caso negativas– y al igual que Rafael, ver cómo realmente es aquello a lo que se dirige.

Cuando leo esta parte de la historia veo las numerosas parejas cuya relación fracasa porque uno tiene una idea muy determinada del otro. El detonante de los malentendidos y el desdén no es siempre un prejuicio negativo sino muchas veces justamente lo contrario. Es asombroso cómo fundamentalmente esto puede cargar la relación entre dos personas de manera que ya casi nada pueda sanar las heridas que uno le inflige al otro. La convicción de que el otro debería ser distinto de lo que es, no significa otra cosa que la verdadera personalidad del otro no tiene oportunidad alguna detrás de estas premisas. "¡Tú no eres como deberías ser!" Si básicamente uno desea que el otro sea distinto, está programada la decepción, ya que nadie puede responder a la imagen deseada, al ideal proyectado sobre el otro. Es como si existiera un patrón frente a la imagen de la pareja con el cual se la mide y junto al cual siempre aparece demasiado pequeño.

Un empresario sumamente exitoso, ahora de casi cuarenta años, había hallado una denominación muy certera cuando comprendió qué le provocaba de esta forma a su pareja, y motivo por el cual dos relaciones anteriores se habían roto: "La carga de mis deseos", dijo él, "fue, como sé ahora, insoportablemente pesada. Esperaba calidez, ternura y protección, también pedía seguridad absoluta de que mi pareja nunca me abandonaría, y traté de conseguirlo tornándola lo más dependiente de mí como fue posible. Esperaba reconocimiento y admiración, máxima satisfacción sexual y, si soy sincero, esperaba la felicidad pura permanente". Cuando él se escuchó decir "la felicidad pura permanente" involuntariamente debió reírse. Él sabía a las claras que las pretensiones elevadas absurdas no daban oportunidad alguna a la realidad. Y de pronto tuvo ante sí otra imagen muy severa: sus relaciones siempre se desarrollaron como si él hubiera tenido un pequeño pájaro valioso en sus manos y, sin mirar, al sostenerlo lo ahogara.

Es conveniente, y es la mirada de un "ángel compañero de viaje", ver al otro tal como es en realidad, descubrirlo con alegría y admiración en su singularidad y estimularlo y apoyarlo en sus aptitudes y posibilidades, sus dones y talentos absolutamente propios en vez de esperar ciertos seres fantásticos, ciertas calcomanías, muñeca Barbie o Superman.

A veces –es doloroso observarlo– las personas se doblegan por amor a la pareja en un intento desesperado de satisfacer tal imagen deseada. Resultado de ello no es ni lo que responde al "ideal" dado ni lo propio del hombre sino una persona en mayor o menor grado deformada, psíquicamente mutilada, quebrada, destruida.

Otra forma más de las expectativas frente a la pareja que puede socavar la relación de manera tal que poco a poco pierda el equilibrio, es la suposición de que el otro debería saber qué necesito. "Si me amara, sabría qué deseo". Infinidad de veces escuché esta frase. ¿Pero quién domina el arte de leer los pensamientos? A través de esta expectativa la pareja fácilmente cae en una situación permanente de insatisfacción y fracaso, y la mujer –por cierto con frecuencia son mujeres quienes se construyen una trampa así– procura de este modo cada vez más desilusiones y malentendidos cotidianos. Detrás se esconde la dificultad de pedir algo. Muchas veces tampoco sabemos bien qué es lo que realmente queremos. ¿Y la pareja debe responder a estos deseos inciertos, nebulosos, difusos, inexpresados, al realizar algo nunca formulado ni manifestado como pedido pero que, sin embargo, permanece como una pretensión subliminal constante? El hombre –generalmente es él– cae por su parte en una correspondiente trampa con la expectativa que, si su pareja lo amara, sencillamente debería decirle qué hacer. Para él todo se siente muy natural, así como para ella la suposición de que él debiera saber qué desea ella.

Nuevamente tenemos aquí una buena oportunidad para un compañero de viaje o un amigo, de descubrir lo paradójico y absurdo, lo cómico de una fuente tan loca de frustraciones constantes. Si logra que finalmente trasluzca lo caprichoso, lo desacertado y extravagante, y si la risa acompaña a este reconocimiento, realmente actúa como un ángel.

Entonces es oportuno observar: ¿Qué quiero yo, qué deseo, qué necesito y qué me brinda una nueva claridad allí donde antes sólo anidaban necesidades vagas, difusas e insatisfechas? Posteriormente, si bien no es habitual, no es difícil decirle a la pareja: "Querido, me gustaría si tú..." No es una desgracia tener que recibir a veces un no, ya que ni con la mejor voluntad es posible satisfacer todos los deseos.

Una claridad así que forme parte de la vida cotidiana entre dos personas es uno de los fundamentos más sólidos para una relación lograda. Lamentablemente no es algo usual.

El diálogo entre Rafael y Tobías en el camino hacia la casa de Sara habrá girado mucho —según supongo yo— en torno a lo que representa un buen matrimonio. El "hablar de ello" es, sin embargo, más bien cuestión de mujeres. Allí se encuentra también una de las trampas en las que puede caer una pareja: hombres y mujeres son distintos, y conocer algunas de estas diferencias y aceptarlas de buena manera previene el estrés en el matrimonio.

Una de estas diferencias es sin duda el hecho de que los hombres tienden a reflexionar sobre algo e informarle a su entorno el resultado, mientras que las mujeres más bien desarrollan sus ideas y conocimientos a través del diálogo conjunto. La causa de estos puntos de partida diferenciados aparentemente tiene relación con el acento que en los hombres se encuentra en el hemisferio cerebral izquierdo, a cargo del pensamiento analítico; en las mujeres en el hemisferio cerebral derecho, es decir, en la observación completa. Puede ser también que uno de los motivos se remonte lejos en el tiempo, cuando las mujeres estaban sentadas juntas en la caverna al preparar los alimentos y confeccionar la vestimenta de piel, mientras que los hombres iban de caza. Sea como fuere, de todas maneras la pretensión de muchas mujeres a sus esposos que "él debería hablar con ellas al respecto" es un punto de roce. "Él está sentado envuelto en silencio, lee el diario o mira televisión mientras que yo quiero hablar con él sobre nuestros planes o problemas o cualquier otra cosa importante para nosotros", piensa ella, dependiente de la relación. Y él, dependiente de la acción, piense quizá ligeramente molesto: "Ahora debo hablar otra vez de esto. Creo que me voy al bar".

Si esta escena hogareña tiene éste o aquel motivo, de cualquier modo ocurre con tanta asiduidad que algo en sí debe tener: hombres y mujeres tienen por lo general un punto de partida diferente y por ende también distintas necesidades para su comunicación, y la expectativa de que deberían ser iguales en ello puede convertirse con facilidad en una fuente de frustración y tensiones innecesarias en las relaciones. El consejo para una pareja de un ángel compañero del camino podría limitarse a observar en conjunto este fenómeno y alegrarse luego entre sí por ser precisamente distintos, de manera que en consecuencia saben valorar y disfrutar tanto más por un lado las conversaciones con amigas –es decir, la comunicación orientada hacia el proceso–, y por el otro la orientación de los hombres hacia el objetivo, es decir también la "labor intelectual solitaria".

Después que a través de la descripción de Rafael pudo surgir una imagen corregida de Sara, Tobías siente afecto hacia ella, se encariña con ella, y "su alma pendía mucho de ella" o, como también se dice, "ya no podía apartar su corazón de ella".

¿Qué sucede cuando nos dedicamos con amor a una persona, y cuáles son los criterios para un amor profundo? En nuestra historia están indicados en forma llamativamente simple y completa. Se trata en primer lugar de circunstancias externas bastante materiales, los intereses financieros y la pertenencia a una relación social, pero luego también inmediatamente del trasfondo religioso común. Luego salta a la vista el encanto de Sara, es decir, lo que la hace exteriormente atractiva, y finalmente sus valores interiores, su valentía, su inteligencia y su honestidad. Seguramente todo esto es motivo suficiente para Tobías para sentir cómo crece su interés por esta joven mujer. Pero recién la elaboración interna de aquello que complica y carga su vida, su lucha en apariencia vana contra el demonio, vincula su interés a su destino, de manera que comienza a ligar mentalmente su vida a la de ella, al comienzo con temor y rechazo. Pero está interiormente tan comprometido que ya no puede mantenerse neutral y distante.

Precisamente lo difícil, lo fatal, quita a Sara de la insignificancia. Rafael, el compañero, no subestima ni la carga que soporta la niña ni la tarea que debe enfrentar Tobías cuando quiere ayudarla a salir de su desesperación. Pero –a ello lo anima Rafael– junto a Sara y con la ayuda de Dios podrá manejar las dificultades para resolver la situación de manera positiva.

La demanda de una gran tarea en común como ésta puede profundizar y afianzar un amor. Se dice que un desafío dominado por dos personas en conjunto fusiona más estrechamente que otras cosas. En nuestra vida cotidiana muchas veces pasa más bien inadvertido. Una pareja lucha por colocar la existencia conjunta sobre una base sólida, o ambos tratan de edificar una casa con sus fuerzas propias, o desean infructuosamente descendientes. Pero quizá también compartan la preocupación por un hijo discapacitado, o asumir el cuidado conjunto de los padres ancianos que necesitan ayuda, puede convertirse en una tarea.

A veces es mucho más claro para nosotros, los compañeros de viaje, tomar conciencia del valor de lo que comparte una pareja: lo difícil o lo complejo, el esfuerzo y la energía en el camino hacia un objetivo en común, los pasos hacia una madurez humana justamente en tiempos de problemas y crisis. Observado desde adentro, la mirada probablemente permanezca sólo en la carga y la pena, en lo fatigoso del trayecto. Desde afuera podemos reflejar con mayor facilidad la energía, el mérito y el valor que existen en esta intervención que vincula a dos personas. Nuestra valoración arroja entonces también para ambos una luz distinta y más clara sobre los tiempos oscuros por los que transitan, de manera que comienzan a verse mutuamente con otros ojos. Esto puede ser como un cambio de perspectiva al que contribuimos tan sencillamente como del vaso vacío hasta la mitad al vaso lleno hasta la mitad.

Tobías se dirige a Sara con su corazón y su alma "y él vio", como se dice, "que Sara era su hermana". Esto no expresa otra cosa que si bien no eran hermanos, eran familiares en segundo o tercer grado como primo y prima. Todavía en la actualidad es natural en algunos sitios un concepto amplio. Por ejemplo mis dos ahijadas en Etiopía se ven como hermanas a pesar de que sus padres eran sólo parientes lejanos. Ambas tienen un apego tan afectuoso entre sí como sólo pueden tener los hermanos.

Más allá de ello, en aquella época se daba la denominación "hermana" también a la prometida o a la esposa. También Tobit le dijo a Ana: "Mi hermana" cuando trató de consolarla.

Cuando se unen las cualidades del amor fraternal y del vínculo fraternal del amor entre el hombre y la mujer, a mi entender esto tiene esencial importancia. Allí existe amor y sentimiento de responsabilidad que sin embargo permite al otro su libertad. Allí existe cercanía pero no una toma de posesión, comprensión sin intromisión, la disposición a estar para el otro pero sin ocupar sus relaciones, la disposición a ayudar manteniendo la consideración por la dignidad del otro y frente a lo que puede realizar por fuerza propia, la sensación de que, al igual que Tobías, "no es posible apartar el corazón" del otro, es decir, mantenerse fiel aunque a lo largo de grandes tramos no lo comprenda, una disposición que no impone condiciones. A ello se agrega todo lo que se oculta tras el concepto de "afinidad espiritual". Las almas se compenetran, se conmueven entre sí.

¿Es ésta una imagen ideal inalcanzable, justamente en la relación totalmente cotidiana entre el hombre y la mujer? Creo que no. He comprobado que las personas que se miran con los ojos del amor, viven todo esto de manera muy natural. Pero quizá a veces esté en nosotros, los compañeros de viaje, volver a hacer consciente esta mirada, esta visión, cuando la relación cotidiana está desgastada y roída por el aburrimiento y la uniformidad. A veces preguntas muy simples pueden traer al presente la antigua perspectiva con su colorido y vivacidad. ¿Cómo se conocieron entonces? ¿Qué fue siempre lo más lindo entre ustedes? ¿Y qué es lo más importante que comparten ahora? ¿Con qué se hacen bien mutuamente? ¿Qué han aprendido el uno del otro durante todo este tiempo? ¿En qué pueden estimularse recíprocamente? ¿Cuáles son los ámbitos que en realidad, son muy propios de cada uno y cuáles comparten? ¿Cuáles son comunes a ambos de modo de sentir que dos son más que uno? ¿Cuáles son las cualidades más valiosas del otro, cuáles son sus valores más importantes? ¿Cómo se habrían descrito mutuamente en los primeros tiempos de su amor? ¿Qué les gustaría apoyar en el otro? ¿En qué brindan por sí mismos un buen ejemplo para una vida en pareja exitosa? ¿Qué cambió para mejor con el curso de su relación?

Es agradable cuando ambos se abocan a estas preguntas, ya que el punto de vista habitual desde la perspectiva negativa por cierto no aporta nada nuevo. ¿Por qué no permitir entonces a modo de prueba la otra óptica?

A veces, como compañeros de viaje, podemos actuar curativamente de manera sencilla como "ángeles" si comenzamos a mirar nosotros mismos con los ojos del amor, también del amor fraternal, y luego compartimos esta visión con los demás.

Transformación

La fuerza de los rituales

Después de un día de viaje Tobías y Rafael arribaron a Ecbatana. Sara es la primera en recibirlos, les da la bienvenida y los conduce a la casa.

Su padre, Raguel, no sólo recibe a ambos con la habitual y natural hospitalidad sino que desde un principio siente algo extrañamente familiar en su joven huésped. "¿No se parece a mi sobrino Tobit?" le pregunta a Edna, su esposa. Y cuando averigua de dónde vienen los dos viajeros y se entera que Tobías es el hijo de Tobit, se alegra de corazón, pero luego está profundamente conmovido cuando escucha acerca del destino de Tobit, y también su esposa y Sara rompen en llanto cuando Tobías cuenta sobre la pérdida de la vista de su padre.

Raguel invita a sus huéspedes a la gran comida de bienvenida. Pero Tobías duda en sentarse a la mesa. Conversa brevemente con Rafael al respecto y luego le dice decidido a su anfitrión: "No quiero comer ni beber nada, a menos que satisfagas mi deseo de tomar a Sara por esposa".

Raguel se asusta y trata de disuadir a Tobías de su deseo. Con toda franqueza relata acerca del destino de los pretendientes anteriores y luego le pide a Tobías que primero disfrute, que coma y beba. Pero Tobías se resiste firmemente. "No quiero comer nada hasta que ustedes me la entreguen solemnemente como esposa".

Esta escena recuerda cómo Tobit, el padre, no quería sentarse a la comida de Pentecostés hasta no haber enterrado a su hermano de la fe, cuyo cadáver hubiera sido abandonado a la falta de dignidad.

Realizar en primer lugar lo importante, lo que tenemos en el corazón, antes de dedicarse en calma a la comida. Sentir que una cuestión urgente o irresuelta es prioritaria –tal podría ser la apariencia de un ritual conveniente absolutamente cotidiano. Muchos de nosotros, sin reflexionar sobre ello, seguramente lo hemos integrado a nuestra vida cotidiana. "¿Vienes a almorzar con nosotros a la cantina?" "Sí, con gusto, pero antes quiero terminar esto".

Esto es, sin embargo, un resto reducido de aquello que antes era usual. Entonces nos dábamos una ducha fresca antes de la cena y nos cambiábamos de ropa. En realidad es una pena que esta costumbre se haya perdido y parezca existir únicamente como una curiosidad en las novelas inglesas del penúltimo siglo. Allí el mismo héroe obedecía este ritual en un viaje fatigoso a través del desierto, se lavaba las manos, si bien no con la costosa agua, al menos con arena, y se colocaba un pañuelo de cuello limpio antes de ingerir el último bizcocho y la última manzana.

A través de tal pausa, inclusive lo cotidiano o intrascendente adquiere importancia y dignidad. En medio de una actividad, ir a la heladera, servirse algo y deglutirlo sin pensar en el camino hacia el televisor –prácticamente también es un ritual. ¿Pero qué expresa sobre nuestra relación con la alimentación y con nosotros mismos? ¿Qué imagen propia y qué cultura se encuentra detrás de este primer ritual antiguo? ¿Qué cambiaría en la misma escena si previamente nos regocijáramos en la oración y el agradecimiento por lo que nos es obsequiado antes de comenzar a comer, tal como dice el proverbio africano: "Agradecer significa sentarse frente a Dios y alegrarse"?

Cesuras, pausas, un *ritardando* en el momento adecuado son buenos criterios para diferenciar en música las composiciones importantes de la música ratonera. ¿Quién o qué puede en verdad retenernos de destacar nuestra vida de lo cotidiano a través de una detención tal, sin esfuerzo y sin costo alguno? Los rituales en la vida diaria transforman lo insignificante en algo valioso o precisamente a la inversa, como muestra el pequeño ejemplo de la heladera. Otorgan sorpresivamente espacio adicional a nuestro tiempo, o pueden intensificar aún más el ajetreo y el estrés si todas las mañanas ponemos el despertador a última hora, corremos presurosos al baño, tomamos un café a las apuradas y luego de cabeza al tráfico en la hora pico, de manera que quedamos agitados y sin aliento antes de que comience realmente el día. Los rituales periódicos pueden ser una constante en su seguridad, que brinda calma y reaseguro, protección y sujeción frente a toda la imprevisibilidad y contingencias de nuestra vida, a todas las impresiones y exigencias que parecen tan caóticas en nuestra cotidianidad, y pueden ser inclusive en todos los casos el suelo para una cultura natural de la celebración.

Los niños tienen una buena percepción cuando reclaman su ritual nocturno. Ellos insisten en el relato o la lectura de un cuento antes de dormirse, que una pequeña luz quede encendida y que su muñeco de peluche esté en su lugar preciso en la camita. Ellos se sublevan si para Adviento no preparan las típicas masitas y estarían profundamente decepcionados si se pasara por alto la fiesta de Pascuas. El año eclesiástico es en realidad, un buen ejemplo del efecto benéfico de los rituales periódicos, y no sólo para los niños.

Como compañeros de viaje es agradable compartir e intercambiar tales rituales, incluso a veces establecer algunos nuevos, así como cuatro amigas que se resistían a la depresión otoñal. Cuando el mundo comenzaba a ser más frío y oscuro y parecía sumergirse en el lodo, y la gente resfriada apuraba su paso malhumorada a través de la lluvia, ellas crearon una canasta imaginaria de noviembre que contenía todo lo que es valioso en esta época del año. Por supuesto también contenía velas, ya que recién en el período de oscuridad adquieren su importancia, luego el *pullover* preferido, una música muy particular y el tiempo para escucharla atentamente, el aroma de los primeros panes de especias, un paisaje misteriosamente envuelto en la niebla, una novela gruesa, manzanas fritas con canela, zoquetes de lana coloridos en botas de goma, un poema otoñal –la canasta cada vez era más grande y pesada. Y todos los años se la vuelve a llenar para sumergir un tiempo oscuro en el calor y la luz.

De esta forma, un número de rituales puede convertirse en una buena costumbre y sintonizar en ritmos beneficiosos.

El otro gran ámbito corresponde a los rituales que sirven para comenzar algo nuevo en forma bucna y consciente, o finalizar y cerrar algo importante. Y así volvemos a nuestra historia.

Raguel finalmente abandona su vacilación. Implora la bendición de Dios sobre la joven pareja, ya que cierta reserva queda aún en él tras los graves acontecimientos del último tiempo y para el miedo vinculado todavía a ella, requiere la ayuda especial de arriba, también él lo sabe. Finalmente, de acuerdo con la tradición, se formula y confirma el contrato matrimonial. A continuación se sientan a comer.

Edna va a preparar el aposento nupcial con su hija. Cuando ve que Sara, colmada de temor e inseguridad, comienza a llorar, la alienta y le da confianza frente a aquello que Sara casi no se atreve a desear: "¡Que el Señor te obsequie felicidad en este dolor!" Luego Edna deja sola a su hija.

Es un breve lapso en el cual la joven mujer puede sintonizarse y adecuarse al vínculo con su prometido.

Mucho en esta historia está ajustado y presionado en su desarrollo. Si tiene por finalidad servirnos como guía, debemos pensar otros procesos temporales, otra duración. Las experiencias de Tobías en su viaje hasta ese momento eran como tomas instantáneas de lo que en nuestro camino debe tener su propio tiempo. No es de extrañar que en un relato posterior de la historia de Tobit, se describa el viaje de Tobías y Rafael como de varios meses de duración, ya que casi nadie domina en una breve vivencia y pocas conversaciones los pasos con los que madura hacia un objetivo, hacia el cual se desarrolla.

Entonces también podemos ver esta hora –más no habrá sido el tiempo en que Sara esperó a Tobías en el aposento nupcial– como clave, en este caso como una etapa de reflexión para la cual no sólo los jóvenes deberían tomarse su tiempo antes de comenzar un nuevo capítulo decisivo en su vida, de forma tal de poder orientarse mentalmente hacia todo lo nuevo y desconocido que su futuro determinará.

Uno de los ejemplos más convenientes para una etapa así es para mí el tiempo de los ejercicios espirituales, en el cual las asistentes espirituales recientes o los candidatos a sacerdote se conceden una vez más el tiempo a fin de prepararse para su nueva misión de vida y reflexionar sobre su profesión y su vocación para poder abocarse luego con su total vitalidad allí donde sean requeridos.

Una pausa de esta naturaleza corresponde al ámbito de los numerosos rituales, especialmente valiosos a través de una detención, para iniciar consciente y en calma una nueva situación de vida. Muchos rituales similares se cuentan en líneas generales entre los ritos de iniciación, entre los ritos de transición, de la infancia a la juventud, de la juventud a la adultez. Corresponde a ello una imagen bastante clara de la transición, y también una representación beneficiosa de lo aún desconocido, poco familiar, una visión positiva de cómo podría ser, de cómo debería ser el futuro. Como amigos o compañeros de viaje, muchas veces podemos servir de interlocutores útiles en tales situaciones de transición.

Esta hora, estas dos horas hasta que Tobías fue conducido después de la comida hacia Sara, le habrán servido a ella como uno de estos puntos de unión en los cuales tenemos frente a nuestros ojos como bajo una lupa el sentido de toda nuestra vida, el camino hasta el momento actual y todas nuestras esperanzas, temores y deseos para el futuro. Los detalles pueden convertirse en tal toma instantánea en un símbolo de una situación total; quizá para Sara la escena en que desde lejos observa a Tobías con su compañero cuando caminaban a lo largo de la calle y cómo fue ella quien se acercó a ambos, los saludó, les dio la bienvenida y los condujo a la casa.

¿Cómo la había visto Tobías? ¿Había notado en primer lugar su naturalidad y luego su inseguridad? ¿Conocía él su historia? ¿La comprenderá en sus dudas? ¿Interpretará correctamente sus vacilaciones? ¿Respetará su dignidad?

Sara tiene ante sus ojos el comienzo, en cierto modo, la célula germinativa de una compañía para el camino. Aún está todo pendiente pero ya ve en los comienzos las posibilidades que ambos pueden realizar para dar origen a una relación exitosa.

Marcamos los encuentros con la manera en que los tomamos. Mucho está predeterminado por convenciones, usos y costumbres, también por rituales condicionados por lo que es habitual en nuestra familia, en nuestra cultura o en nuestro país, al igual que la conducta en las despedidas. Si nos abrazamos, si nos damos la mano o simplemente inclinamos la cabeza en señal de saludo, si decimos "hola" o "buen día" y "adiós", o si nos saludamos y despedimos con un beso en cada mejilla, todos estos son rituales que acatamos o respondemos a diario sin reflexionar sobre los mismos, son costumbres que parecen naturales y que recién desconciertan cuando estamos en un círculo cultural distinto.

Dentro de estas naturalidades tenemos sin embargo siempre un campo de acción para enviar señales y mensajes no expresados, que manifiestan algo sobre nosotros mismos y sobre nuestra relación con el otro. Esto que consideramos tan primordial, la comunicación con palabras, es sólo una parte muy reducida de lo que intercambiamos mutuamente.

Cuando Sara se acercó a Tobías, en esos minutos ya nació algo entre ambos que esbozó a grandes rasgos su trato mutuo, su probable vínculo, su juego combinado, su mutua relación. A pesar de que prácticamente no se percataron, ya en ese momento eran compañeros de viaje. Pero qué cercana se desarrollaría esta compañía en el camino, cuánto duraría, aún no estaba definido. ¿O no? ¿Cuánto había fundamentado Sara ya con este primer encuentro? ¿Cuánto era visible de su posibilidad de camino conjunto? ¿En qué medida este camino estaba todavía marcado por las malas experiencias y por lo que ella había aprendido de éstas? Los siete pretendientes para la boda le habían sido llevados por su padre. Ahora ella misma se había acercado a Tobías. Quizá en esta forma básicamente distinta de dirigirse a él radique la clave de su "redención".

¿En este momento ya había salido de su desmayo que la desterraba cada vez que era denostada como poseída por el demonio?

Una imagen de sí misma tan hiriente y denigrante no puede surgir únicamente de la burla del entorno sino también de la costumbre de conversaciones mudas consigo misma, cuya espina radica en una pequeña palabra: "siempre". A una joven vendedora se le había convertido una frase en la permanente letanía condenatoria: "Siempre soy tan torpe". No es de asombrar que día a día se tornara más insegura, de que realmente tropezara, de que las cosas se le escaparan de las manos. Pero un día tuvo un sorpresivo final. Ideó para sí un ritual opuesto con el cual relativizó el mágico "siempre". Cuando esta frase emergía, ella se decía: "A veces estoy feliz, a veces airada, a veces soy paciente, a veces estoy colmada de amor, a veces soy inteligente, a veces soy torpe, a veces hábil." A través de esta diversidad nació una nueva óptica de sí misma más serena, que ya no estaba dirigida como a través de un embudo exclusivamente a un fenómeno. Ella había ganado la lucha contra el automensaje destructor.

Cuando ahora Sara espera a Tobías en el aposento nupcial, parece haber retornado totalmente al rol pasivo. Pero si él permitiera que esto quedara así, terminaría fatalmente, si no para él, por cierto sí para su relación.

Cuando ingresa al cuarto se dirige en primer término al incensario a fin de quemar el corazón y el hígado del pescado. Si recordamos que el corazón siempre fue considerado como lugar del amor y –al menos en aquella época– el hígado como asiento de los sentimientos, es comprensible este ritual. En sentido simbólico y figurado significaba que el tosco anhelo, las violentas emociones son transformadas en una forma humana, más fina, más amable y sublime, convertida en comprensión y atención y ternura. De esta forma, lo malo, lo inapropiado y violento, el desprecio y la falta de atención derrotan al demonio a través del olor desagradable en el proceso de quemado. Fridolin Stier habla del "Demonio sí pero". Uno así puede haber existido aquí, un demonio que hacía imposible cualquier sí.

Lo conozco como un enemigo envenenador, entorpecedor, atrapante en muchas personas, como un adversario interior que trabaja con contraargumentos arteros para impedir de manera pérfida las decisiones y cualquier sí a la vida, a la vitalidad, al desarrollo feliz. Cierta mujer lo llamaba el "diablo de la duda". Ella lo pintó, muy impresionante, horrible y alevoso, y luego con placer lo quemó. Conscientemente digo "lo" quemó porque evidentemente con este ritual, ella no sólo destruyó y exterminó la imagen sino al adversario interior.

Lo importante en el campo neutral de tal acción es haber reflexionado para reconocer que allí hay algo perjudicial y que definitiva y finalmente debe ser modificado. Luego el acuerdo consigo mismo que se encuentra detrás de la decisión, es decir, lo que Nicolás de Cusa describe: "Señor, tú dices: sé tuyo tú mismo y yo también seré tuyo. Tú has puesto en mis manos la libertad de ser mío, si quiero". Para ser yo mismo a veces es necesaria la clara decisión de exterminar de mi vida algo funesto. Seguramente deberá comprenderse de igual manera lo que Tobías hace en este ritual no sólo para sí mismo y para Sara sino principalmente para el buen y sagrado comienzo de su relación, al expulsar al demonio que, por otra parte, como se dice, huye hasta el último rincón de Egipto y allí es sujetado por el ángel. Evidentemente, la función de Rafael aquí es cuidar que el demonio quede donde corresponde, por así decir, "que se vaya al infierno". Como compañeros de viaje, a veces podemos adoptar esta función al ser testigos confiables.

Nadie más que Rafael sabía de este ritual. Y su conocimiento compartido era importante no sólo por el hecho de que era él quien había aconsejado esta acción liberadora sino porque él la afianzaba en la realidad. Siempre que realizamos un paso fundamental de este tipo, que quizá modificó una situación no en forma visible sino más bien de manera determinante en su esencia, es posible que luego o más tarde surjan dudas si realmente algo sucedió o si fue sólo imaginación. Es bueno entonces si los compañeros de viaje permanecen como testigos para recurrir a ellos. Ellos portan la prueba de la realidad indudable y del valor de la transformación.

No existe el mismo como una única participación cuyo demonio bloquea la vida exitosa con su "Sí, pero..." Muchas veces también se presenta de a dos o más, cuando nuestras voces interiores, nuestras propias opiniones y puntos de vista nos interrumpen constantemente y de este modo astutamente nos obstaculizan conformar nuestra vida con decisión y en libertad. Las decisiones recién son posibles cuando efectivamente separamos lo uno de lo otro y para ello es útil que alguien esté a nuestro lado, que apoye una tras otra las voces divergentes de manera que luego se expresen una tras otra, se escuchen entre sí, se hagan valer y, finalmente, lleguen a un acuerdo –generalmente un arreglo de compromiso. Ejemplo de ello es el ama de casa y la madre que durante años dejó de lado su creatividad, su profesionalismo en el trabajo aprendido, para dedicarse totalmente a la familia. Desánimo y frustración crecían año tras año y por un lado o por el otro eran una superficie permanente de roce: "Por un lado debo estar totalmente para los míos, y también lo hago con gusto. Por el otro, ya no vivo una importante parte de mí. Es un tesoro valioso de aptitudes y habilidades que se pudren porque no tienen lugar en mi vida". Apenas se volvía hacia un aspecto, ya aparecía desde el otro rincón el "sí, pero". Después de que ambas partes, que hasta ahora como una pareja enemistada eran incapaces de comunicarse, establecieron por primera vez un diálogo ordenado, se evidenció que ambos anhelos son absolutamente compatibles. En realidad, sólo era cuestión de un acuerdo: "¿Qué porcentaje de tiempo actuamos para la familia, qué cantidad para la profesión amada y cómo organizarlo?" Se crearon huecos de tiempo al delegar actividades como la limpieza y el lavado de ropa a una ayudante doméstica, es decir, cosas para las cuales no debía estar directamente para la familia. El dinero para tal fin lo obtenía mediante el trabajo de tiempo parcial que retomó. Lo que ella de ninguna manera quería abandonar y tampoco fue necesario, era jugar con sus hijos, revisar sus tareas escolares, comer con la familia, conversar, celebrar y realizar pequeñas excursiones. El compromiso tan bien negociado era entonces tan natural que ella se asombró por el largo tiempo que estas dos partes pudieron bloquearla con su crítica permanente y el constante "sí, pero..."

De tal modo es posible, a través de una acción única o de la dedicación similar en una y otra oportunidad, la decisión de expulsar a los demonios, o a veces también domarlos y convertirlos en espíritus útiles, al asignarle a cada uno su lugar.

A veces es necesario asignarle su lugar adecuado no sólo a los demonios sino también a las personas en nuestra vida, y para ello puede ser útil a su vez una especie de ritual. Recuerdo una joven mujer que se sentía oprimida y emocionalmente reprimida por su familia, y además en ningún sitio encontraba el suficiente apoyo. Entendemos aquí a la familia en sentido muy amplio, ya que los muertos también desempeñaban el correspondiente –o no correspondiente– papel en estas relaciones que la enfermaban y dominaban. Fuimos juntas al cementerio, al sitio del descanso en paz, y el término "paz" en este concepto fue sintomático del tiempo que permanecimos allí. Era precisamente uno de esos días fríos y envueltos en niebla de noviembre en los que no quiere aclarar totalmente. Quizá no el clima ideal para clarificaciones pero ya estábamos allí. Ella me condujo hacia la tumba de sus abuelos. No muy lejos de allí estaba la de su tía y también una lápida para el padrino caído muy joven durante la guerra. Tres filas de tumbas más adelante estaba enterrada la otra abuela. Le pregunté dónde quería ubicarse para adoptar la posición acorde con respecto a todos, la posición que le hiciera bien, que tuviera la cercanía o distancia precisa para cada uno en la cual ella se sintiera a gusto. Ella no dudó mucho tiempo y rápidamente estuvo segura de dónde ubicarse, pero luego dijo: "En realidad, a la segunda abuela la deseo mucho más lejos. Allí, detrás de las casas de vidrio. De lo contrario todavía mete sus palabras en todo". Yo sólo opiné que así era notoriamente correcto. Después de que comenzó a encontrar las ubicaciones adecuadas llegó el turno de los que estaban vivos. La madre, el padre, el hermano, el abuelo. Era importante no sólo la distancia hacia sí misma sino también entre ellos. A veces su posición los ubicaba cerca de un muerto que podría apoyarlo o aconsejarlo o quizá también rezar por él. Todo esto fue un trabajo muy silencioso, intenso, reflexivo y cargado de afecto. Esta benevolencia se extendía también a aquellos con quienes hasta ese entonces había sentido mucha tensión, insatisfacción u opresión, y se manifestaba en el momento en que los había ubicado desde su proximidad inmediata al lugar donde correspondía su relación. Ella miró a su alrededor con gran satisfacción, segura de sí misma y serena. Exhalando profundamente se despidió de la escena y nos alejamos en silencio del cementerio.

Mediante este ritual clarificador y ordenador ella encontró y mantuvo a la vista su papel y su función dentro de la familia. Mucho de su vida se ha modificado para bien a partir de ese momento, y el efecto continuó.

Lo que sucede a continuación en la historia de Sara y Tobías es sumamente importante. Es lo primero y en este contexto seguramente lo más importante que ambos realizan juntos y se convierte en el fundamento de la relación entre ellos y la concordancia entre sí. Tobías le pide a Sara que, como ella lo esperaba, se incorpore en el lecho nupcial en el que está acostada, para rezar juntos. De este modo se evidencia cuánto la respeta él y cuán elevada es la dignidad de su unión. Ellos le piden a Dios que los cuide. Pero para Tobías también es importante confirmar ante Sara y ante Dios: "Tú sabes, Señor, que no tomo a ésta, mi hermana, por mero placer sino por auténtico amor". Para Sara, éste es el momento de desprenderse de todas las dudas y resistencias, segura de sí misma y con confianza, y decidirse por la vitalidad y el amor. Ella está segura de que Tobías no la ve como la heredera rica sino como la mujer a la que ama y respeta. Juntos y confiados totalmente le piden a Dios la gracia de alcanzar una edad avanzada uno con el otro y dicen simultáneamente su Amén. "Y ambos durmieron toda la noche juntos".

Si Raguel hubiera sabido del comienzo oportuno y sanador de este matrimonio, no habría dado la indicación en medio de la noche a sus criados de que secretamente cavaran una tumba en el jardín. Y tampoco habría tenido que enviar a una muchacha para verificar por la mañana si el joven Tobías todavía estaba con vida. Pero cuando la muchacha regresa con la buena noticia de que encontró tranquilamente durmiendo a la pareja, Raguel siente un alivio extraordinario. Da las gracias a Dios y encomienda tapar con la mayor celeridad nuevamente la tumba en el jardín. Luego se sacrifican vacas y ovejas, se prepara una gran comida, se invita a los amigos y vecinos y se celebra una gran fiesta de bodas que, según se dice, duró catorce días.

Independencia

Vivir con responsabilidad

Al igual que en el caso de la decisión clara y consciente de sí mismo por el pedido de mano de Sara contra el cual debieron rebotar las reservas de Raguel, Tobías actúa ahora, en virtud de la gran fiesta, en forma considerada y circunspecta. En medio de toda su alegría por su unión con Sara, en medio de la feliz celebración, él está consciente de que sus padres cuentan los días hasta su regreso. Dado que ellos creen que fue directamente a la casa de Gabael para buscar el dinero, lo esperarían pronto de regreso. Con decisión, Rafael solicita continuar el viaje con un criado y dos camellos hacia Media para buscar el dinero y traer al mismo tiempo a Gabael para que comparta la felicidad de la joven pareja y pueda festejar junto a todos los demás.

Uno de los signos seguros de madurez se verifica cuando no sólo ejecutamos las indicaciones de nuestros padres, de nuestros maestros, sino que también tomamos decisiones con responsabilidad propia. A ello corresponde asimismo ser capaces de delegar en el momento preciso las cuestiones precisas. Aquellos que piensan que deben realizar todo por sí mismos porque de lo contrario nada sería como debe ser, han omitido el peldaño de animarse a ser adultos, en el cual son capaces de compartir la propia responsabilidad con los demás. Con el objeto de realizar las asignaciones correctas en tal división de responsabilidades, debo tener previamente en claro qué parámetros establezco, qué es prioritario y qué secundario, es decir, qué es preferible conservar en mis manos y qué puede asumir otro para llevarlo a cabo tan bien o inclusive con mayor competencia que yo mismo.

Los parámetros en la práctica pura son tan importantes como la escala de valores que tomamos como base para vivir y actuar de acuerdo con nuestra personalidad y nuestra predisposición. Vale la pena confeccionar un listado en el cual coloquemos por un lado las cosas absolutamente importantes para nosotros: la libertad, la salud, la seguridad, el crecimiento intelectual, el amor, la comunidad, la competencia, el éxito y otras, y en el otro lado, aquello que indefectiblemente queremos eliminar de nuestra vida, tal vez el fracaso, la impotencia, el aislamiento, la decepción, el dolor, el sinsentido, la amenaza, entre otros. Experimentamos mucho a través de nuestras necesidades básicas si nos esforzamos no sólo en observarlas sino también en colocarlas en una jerarquía. Cuando surgen entonces cosas contradictorias se produce una tensión. ¿Aventura y seguridad en un mismo lado? Siempre chocarán una contra la otra. ¿O en el lado positivo se encuentra el deseo de crecimiento y en el negativo el temor frente al desamparo y el fracaso? Entonces será difícil, ya que el aprendizaje y el crecimiento siempre están vinculados también al fracaso, a los tropiezos y muchas veces también al desamparo. Todo aquel que realiza salto en alto con pértiga sabe que con frecuencia tirará la vara cuando desarrolle una nueva técnica para saltar mejor y más alto.

Tobías ha adquirido mayor seguridad en su identidad a través de un proceso de maduración en el buen campo de tensión entre la orientación hacia lo consagrado y la apertura a lo nuevo. Conocer las prioridades de sus valores le brinda la clara decisión de subordinar una cosa importante a otra y de delegar. Tobías sabe que su lugar está, ante todo, junto a su joven esposa para expulsar a través de su cercanía las últimas sombras de las vivencias dolorosas que aún podrían pesar sobre Sara. Por otra parte, no es posible recuperar tan fácilmente en algún momento una fiesta de bodas. Ahora es el momento indicado. Él mismo y su mujer son irreemplazables en ella. Pero el dinero también puede buscarlo un amigo de confianza.

En el ejemplo de Rafael se evidencia a su vez cuál es el criterio fundamental cuando consideramos si queremos o no asumir como amigos una tarea propuesta. También aquí es necesario sopesar los valores. Rafael no vacila en acceder al pedido de Tobías. A él no se le cruzan conveniencias personales, al contrario, de esta manera sirve a su misión. Al margen de ello, es agradable asumir algo para otro para mantenerle libre la espalda para aquello que estimula su camino, su determinación, para crear espacio y tiempo para lo que es única e irrepetiblemente importante para él. ¿Un servicio de amigos, un servicio de ángeles?

También más tarde, cuando Rafael regresa con Gabael y con el dinero, Tobías actúa de manera clara y decidida. El padre de Sara lo habría mantenido con gusto allí, y principalmente a su hija. Él dice: "Quédate con nosotros. Puedo enviar a alguien para comunicarle a tu padre que te va bien", y con muchas palabras apuesta a convencer a Tobías para que se quede.

Pero Tobías ya recorrió un camino que también fue un camino esencial del proceso de individuación, un camino en el cual, con ayuda de su amigo Rafael, tomó conciencia de sí mismo y de su misión de vida absolutamente particular, sus objetivos de vida, su singularidad. Él aprendió a confiar en su determinación, en su orientación de vida. Esto se muestra ahora muy claramente en la forma en que reacciona frente a la presión y las expectativas externas.

Muchas personas a las que acompañé, con frecuencia estaban desvalidas precisamente en el modo en que reaccionaban frente a las exigencias expresas o tácitas, frente a la suave extorsión o la presión "moral". Vagamente percibían su dependencia del elogio y la crítica de los demás, su papel eternamente pasivo, su inmediata disposición a adaptarse o subordinarse; se sentían atrás, quizá como eternamente perjudicadas y por costumbre se comportaban como víctimas o en el peor de los casos como mártires impotentes. Detrás de ello existía generalmente un profundo anhelo de amor y reconocimiento que, como ellas creían, sólo podía lograrse a través de la condescendencia, y por ende, al responder —o mejor aún, anticiparse— a los deseos de los demás.

Una jovencita representó cierta vez su actitud de manera exagerada, casi caricaturesca, cuando describió cuánto le importaba agradar a los demás, satisfacerlos, ser reconocida por ellos. Entonces se hizo pequeña, me miró implorante desde abajo, mantuvo el aire y dio la impresión de que no esperara nada bueno. Cuando esta actitud, que asumió a modo de prueba de manera tan exagerada, le resultó insoportable, se levantó, inspiró profundamente y dijo: "Recién ahora me doy cuenta de que parezco un perrito o un trapo de piso. ¿Quién puede amar o acaso respetar a alguien así?" Cuando tomó conciencia de su actitud, la dominó en primer término la tristeza por haberse impedido a sí misma, pero también a su entorno, vivir y experimentar su auténtica grandeza. Vacilante al comienzo, luego con una nueva y mayor conciencia de sí misma, intentó probar una actitud que respondiera a otra imagen propia, la de una mujer que es ama en su propio reino, que actúa en forma soberana y con responsabilidad propia y que determina por sí misma la cercanía o la distancia respecto de los demás. Cuando se encontró en la imagen reflejada, quedó asombrada de lo visible y natural que era tener que mostrar respeto sin duda alguna frente a esta mujer. Intentó una vez más retornar a la actitud anterior, pequeña, dependiente, sumisa. Meneó la cabeza como si ya no se comprendiera a sí misma y enseguida, exhalando aliviada, se transformó otra vez en la figura aún desacostumbrada pero adecuada.

Su modo de vida anterior seguramente no se modificó de golpe; aún era necesaria la integración a fondo de lo que había reconocido. En la etapa de transición se ayudó con "acciones de prueba"; se comportaba como si ya fuera la mujer soberana que en realidad era, y ya no fuera posible dar marcha atrás a este comienzo decisivo; la nueva actitud tenía un efecto intenso sobre un proceso continuo de maduración con abandono de todas las dependencias.

Como tantas veces, el papel de compañera de viaje está limitado en un paso de evolución de esta naturaleza, en mayor o menor grado a un estar presente estimulante o afirmativo, quizá también, a observar con asombro y admiración aquello que tiene lugar a través de la transformación –o con la risa liberadora que provoca el reconocimiento del absurdo de las particularidades antiguas. Parece poco lo que tenemos que hacer como acompañantes, pero es decisivo. Es difícil, casi imposible, descubrir por sí mismo los secretos allí donde los malos modelos de vida se han convertido en costumbre durante años, se han convertido en una parte de la propia personalidad.

Los modelos según los cuales nos podemos orientar actúan de manera alentadora en el camino hacia la independencia y la responsabilidad propias. No obstante, en nuestro tiempo se interpone algo que en esta forma drástica antes no existía: la orientación hacia todo lo que significa juventud, *fitness* y belleza. Si otros son y permanecen como mis modelos en virtud de estas cualidades, indefectiblemente entro en una carrera que debo perder. Es mejor disfrutar estas cualidades y cuidarlas mientras las tenga, pero al mismo tiempo o frente a ello estimar a quienes son independientes de esto. Para ello, tener un modelo, o mejor aún muchos modelos, puede ser de gran ayuda principalmente en el trayecto que debe desembocar en el envejecimiento feliz y colmado de sentido. De lo contrario, todo avance hacia la madurez estará vinculado con una imagen distorsionada, con una imagen de terror, con algo absolutamente no deseable. Tales modelos corresponden para mí totalmente a los ángeles compañeros del camino, sólo que parecen no abundar. ¿O simplemente no los reconocemos? ¿Quizá porque quedan ocultos por esta "meta final" de juventud, belleza y óptimo estado? Yo misma siempre busqué damas mayores inteligentes y divertidas, y algunas encontré. Es más fácil con ojos de niño, pues todavía los muchos prejuicios y preconceptos rígidos no entorpecen. Quizá de niña yo hubiera visto a Tobit como un modelo en disposición a ayudar, en su religiosidad. Seguramente sólo habría sentido su rigidez y ceguera como sencillamente tristes pero no como algo que hace a toda su personalidad. Quizá también hubiera elegido a Ana como una de mis damas mayores inteligentes –aunque no justamente divertidas. Habría visto su fortaleza y calidez y habría sentido compasión por ella en su vulnerabilidad. Los niños no están dispuestos a juzgar y a retirar su juicio con gran rapidez. Por esta razón, también les resulta más fácil imitar a sus héroes y modelos, a quienes imitan en todo lo que reconocen íntegro y fuerte. Pero si nosotros, adultos, conocemos muy pocos ejemplos para nosotros, ¿qué nos impide establecer como meta, ser o llegar a ser nosotros mismos tal modelo alentador? Esto corresponde para mí a una de las facetas más recreativas del crecimiento hacia la responsabilidad.

El actuar en forma adulta y responsable de sí mismo puede verse obstaculizado e impedido de muchas maneras. Como hemos visto, las dependencias son una causa frecuente. Otra causa que paraliza y coarta tiene a menudo su razón en una forma especial de temor. En nuestra historia no la encontramos en Tobías sino en Ana, su madre.

Cuando Tobías no regresa a la hora prevista, ella dice: "algo le sucedió a nuestro hijo". Para ella todo se volvió indiferente; sólo este pensamiento la domina. Cuando su esposo intenta tranquilizarla y le dice que no se preocupe, que seguramente nada le habría sucedido a Tobías, que tiene a su lado un compañero confiable, ella no quiere oír nada del tema y le dice con brusquedad: "¡Cállate, no puedes engañarme!", y todos los días continúa yendo a la calle por la cual Tobías se marchó. Ella llora por su hijo, ya no come y por las noches no deja de lamentarse: "¡Oh, mi hijo! ¡Oh, mi hijo! ¿Por qué te hemos dejado ir?"

¿Qué puede ayudar cuando nos invaden miles de temores y visiones espantosas, cuando estamos atrapados en una espiral de miedos irracionales que se colocan frente a la realidad, si nosotros mismos permitimos que ingrese el terror a nuestras almas mediante imágenes de espanto y escenarios de horror anticipados con los cuales construimos un futuro desesperanzado y pesimista frente a nuestro ojo interior? En la atmósfera de los atentados terroristas de Nueva York, muchos de nosotros parecíamos atrapados en un circuito dañino de esta naturaleza. Una y otra vez observábamos en la televisión las mismas imágenes de terror y en los pensamientos y conversaciones la mirada, hechizada, estaba dirigida hacia esta y aquella espada de Damocles que al instante siguiente podía caer sobre nosotros. Son discutidas y sopesadas todas las posibilidades atroces que podrían registrarse en el mundo como paso siguiente. La intención de los terroristas de difundir el pánico, el temor y la consternación, el espanto, las tensiones y la inseguridad, se había hecho adicionalmente realidad.

Si damos lugar a todo esto estamos mal aconsejados, precisamente en tiempos en los que debemos convivir con ello, en los que no podemos influir directamente sobre una situación amenazadora. Sería importante entonces abrir la mirada para no observar únicamente, como a través de un túnel, lo que eventualmente podría sucedernos, sino descubrir también las posibilidades que ahora, más que nunca, son nuestra misión: hacer lo nuestro para fortalecer en nosotros mismos y en las personas que confían en nosotros, la fuerza que amenaza desaparecer a causa de los temores y el pánico. Seguridad y confianza en Dios para vivir en una época que quizá no es más insegura que la anterior pero que nos introdujo a la fuerza en la conciencia de que somos seres amenazados, mortales. También antes podríamos haber sido conscientes de ello, sólo que lo hemos reprimido. Y "a pesar de ello" –por así decir – hemos creado y vivido lo bello, valioso y rico del tiempo pasado. ¿No tenemos acaso en una situación así un motivo y una razón para tal "a pesar de ello"?

Esto no significa, naturalmente, que debemos retraernos en un valle de desconocimiento. Es importante estar informado, también para poder vivir y actuar de acuerdo con nuestra responsabilidad. Pero es improductivo y perjudicial escuchar o ver hora tras hora las noticias, tal vez incluso como última actividad antes de ir a dormir, de modo que durante la noche dominan nuestro subconsciente y nuestros sucños. Quizá, como respuesta saludable al aluvión de informaciones al que estamos expuestos, corresponde cierta disciplina, quizá también una especie de ritual como aquél al que me acostumbré en la época de la Guerra del Golfo: por la mañana, mientras estaba en la bicicleta fija, escuchaba las noticias y descargaba todo el desamparo, toda la frustración y todos los temores en los pedales. Hasta el presente he conservado esta costumbre. Una cosa es estar bien informado, otra es multiplicar el horror a través de la propia fantasía, y sencillamente reprimir cualquier amenaza es por cierto poco sensato.

Para tomarlo junto con el desconocimiento, Tobit y Ana podrían haberse encontrado en el medio, entre las estrategias de la represión: "No habrá pasado nada", y la tristeza anticipada. Podrían haberse encontrado y unido, con lo cual hubieran sido de ayuda mutua para conformar su vida con sensatez precisamente en la inseguridad. Pero Tobit aún no era capaz o no estaba dispuesto a ver el doble sentido de las palabras. Y Ana se sentía sola, inclusive en las palabras de múltiples significados.

Sara maduró de su desamparo previo precisamente a través del dominio de sus aflicciones, y junto a ella también Tobías. Con las energías y conocimientos adquiridos en el camino ahora está dispuesto a hacer realidad su plan de vida, sus nuevos y propios objetivos de vida, sin descuidar la misión primitiva que había recibido de su padre. Precisamente ahora, en el casamiento de ambos, será posible que maduren hacia la plenitud de vida que representa la riqueza de la relación entre ellos pero también con el prójimo.

Alegría

Celebrar la vida

Éste es un buen momento para hacer un alto y pasar revista a las numerosas fiestas que se celebran en esta historia.

Durante toda su vida Tobit marchó a Jerusalén en las fiestas, traía como diezmo frutos del campo y lana de las ovejas, aceitunas, cereales y granadas. En aquella época era algo semejante a un impuesto eclesiástico, ya que los sacerdotes y los levitas vivían de estas ofrendas. Si lo imaginamos gráficamente, debió ser un agradecimiento de la cosecha que le presentaba a los fieles su riqueza. Un motivo para celebrar.

Esto me recuerda a un niño de nueve años de edad, quien me enseñó la verdadera celebración. Seguramente fue para mí una especie de ángel. Encontré a Krishna a fines de los años sesenta en Nepal. En aquella época todavía no existían hoteles ni turismo allí y era difícil conseguir una visa. Krishna era huérfano, había vivido durante unos años en un convento y allí había aprendido un poco de inglés. Había buscado mi compañía, aparecía de vez en cuando, me acompañaba en mis paseos de investigación y me explicaba su mundo a través de una mezcla colorida de mitos, cuentos, vivencias propias y adornos acerca de lo que había captado en el convento budista. Un día dijo: *Next Friday is my birthday*. Le pregunté qué deseaba para su cumpleaños y él dijo que le gustaría que yo pasara todo el día con él. "Naturalmente", le respondí. "Con gusto, ¿pero qué regalo deseas?" Y entonces llegó la lección número uno: "Qué estés todo el día conmigo", repitió él, y cuando yo continué dura para entender al estilo occidental y le pregunté qué podría comprarle, se sintió más bien molesto y finalmente aceptó que le compráramos un pequeño libro de inglés. Pero esto carecía de importancia para él. Lo importante era otra cosa. La noche previa al viernes durmió frente a mi puerta para estar seguro de que su verdadero ruego se cumpliera. Yo recién lo descubrí cuando me desperté temprano por la mañana. Y entonces celebramos el cumpleaños como nunca lo experimenté antes ni tampoco después. En primer término atravesó la ciudad hasta el otro lado, donde se encontraban las flores más frescas. El florista, evidentemente uno de los numerosos amigos de Krishna, nos regaló dos hermosas guirnaldas. Krishna recibió una, la otra la colocó ceremoniosamente alrededor de mi cuello. Algunas de las flores fueron ubicadas en una de las depresiones de la bandeja de latón que llevaba consigo durante todo el día. Allí juntaba con cuidado en las horas siguientes las cosas que le resultaban valiosas y alimenticias. Primero colores –él mismo se pintó una mancha roja y otra a mí en la frente. Luego la bandeja se volvió aún más colorida: se agregó algo de arroz, un poco de las variedades vegetales más bonitas y frescas y toda clase de frutas. Y ahora iba en todas direcciones por la ciudad para compartir estos dones con sus amigos. Amigos, éstos eran un anciano en la calle, una joven madre con su bebé, dos artesanos en medio del trabajo, tres señoras mayores que estaban sentadas juntas, toda una familia en un patio al fondo y muchos más que pertenecían a su mundo –y divinidades. Todos recibieron un poco de sus tesoros. A las estatuas de los dioses en el camino les arrojaba sonriente colores, flores y frutas, pero no a todas, evidentemente tenía sus favoritas. De pronto tuve en claro por qué algunas de estas figuras siempre aparecían tan manchadas. En ningún sitio se detenía mucho tiempo, en todo lugar celebraba con entusiasmo su alegría de existir en este hermoso mundo y le obsequiaba con cosas valiosas, y además, que tenía amigos que compartían esta alegría con él, y que Dios, o los dioses, tenían participación en su riqueza.

En ese día comprendí qué significa celebrar, es decir, ante todo, tomar conciencia de la idea que se encuentra sobre todas las cosas, en este caso, la felicidad de haber nacido. Luego, muy importante, el estar junto a cuantos comparten nuestra alegría. Y finalmente, el agradecimiento más allá de la ocasión actual, por toda la riqueza que el Creador nos ha obsequiado, un agradecimiento que manifestamos a través del goce, del compartir y del comunicar. Así de sencillo.

Muy parecido había sido siempre que Tobit celebraba con sus hermanos de fe y con su familia la fiesta de Pentecostés. Pentecostés era, en el antiguo judaísmo, una de las tres celebraciones anuales, que en un principio habían sido todas fiestas de agradecimiento por la cosecha: la fiesta de Pascuas al comienzo de la cosecha de la cebada; la fiesta de Pentecostés siete semanas más tarde, al comienzo de la cosecha de trigo; y la fiesta de las Cabañas al comienzo de la cosecha de frutas y la vendimia. La comida de Pentecostés, en la cual Tobit no quiso participar en aquel día fatal, hubiera conformado exactamente el cierre de esta fiesta para compartir juntos en el goce y el dar gracias al Creador por los frutos de la tierra.

La siguiente celebración en nuestra historia es el agasajo para Tobías y Rafael en la casa de Raguel. En esta época era absolutamente natural, casi cotidiano, celebrar la hospitalidad. La hospitalidad, tan natural como la que experimenté en mis viajes también en otros países, una y otra vez con cierta vergüenza. Estaba avergonzada al comparar con una situación similar en mi propio país. Entonces siempre tomaba conciencia de cuánto debemos aprender en nuestra cultura cuando se trata de auténtica hospitalidad.

Se prepara un agasajo afectuoso para Tobías y Rafael. Tienen oportunidad de lavarse y bañarse, y luego se los invita a pasar a la mesa abundantemente servida. Con cierta demora por este ir y venir provocado por el deseo de Tobías de comer recién cuando Sara sea prometida su esposa, se declara: "Y ellos alabaron a Dios y comieron". Nuevamente la glorificación y el gozo como parte de la celebración en esta fiesta de bienvenida.

Poco después se celebra el casamiento durante dos semanas. Rafael no dice: "¿Cómo puedes festejar, Tobías, cuando a tu padre le va tan mal y tus hermanos de fe en Nínive deben soportar arbitrariedad e injusticia? Al contrario, por asumir la tarea de viajar hasta la casa de Gabael, Tobías le obsequia el tiempo para festejar.

¿Cómo podemos disfrutar y ser felices en presencia de tanto dolor en nuestro mundo? O, como consideraba una joven madre: "¿Cómo puedo permitirme que me vaya bien a mí si mi propia madre está tan enferma y triste?" Le pregunté cómo estaría su familia si ella no estuviera bien, y entonces comenzó a reflexionar. Y aun más reflexiva se tornó al considerar qué modelo le daría a sus hijos si ella no estaba dispuesta a vivir su propia energía mientras su madre estuviera débil y desdichada.

Seguramente a veces tenemos la sensación de que la alegría y el festejo pasan a la vista de las guerras, los horrores y la injusticia en el mundo. Nos sentimos en cierto modo culpables si gozamos de aquello de lo cual carecen las personas del otro lado del mundo.

Tengo presente una situación extrema. Cuando estuve por primera vez en Calcuta, dominada por las impresiones, especialmente por la miseria de los *pavement–dwellers*, los hombres que literalmente viven en las zanjas, por lo general sin trabajo, sin esperanza, un hombre enjuto hasta los huesos se levantó del polvo y se me ofreció como conductor de *riksha*. No soy grande, no soy pesada, pero de todos modos, si yo subía, ¿podría él acarrear mi peso? ¿Se desplomaría? Si lo rechazaba, él no obtendría ninguna ganancia. ¿Y si tan sólo le diera el dinero? ¿Pero por qué a él y no al que está junto a él y al otro, y a todos los demás?

En ese momento, incapaz de manejar la situación, me escapé. Luego en el hotel me invadió la desesperación que precisamente se mezclaba con este sentimiento de culpa: ¿cómo puedo permitirme que me vaya bien sabiendo la magnitud de la miseria en el mundo?

Finalmente me ayudó un pensamiento simple que no está basado en la teoría ni en la ponderación moral y ética sino en el propio recuerdo de los tiempos de la guerra. Mis pensamientos retornaron otra vez al mes de enero de 1945 y me senté junto a la niña que yo era en esa época. En ese invierno frío y triste le conté que, muy lejos, del otro lado del mundo, no están en guerra y no reina el hambre. "Allí una mujer piensa en ti", le dije, "que no se anima a tocar las exquisitas comidas en su mesa ni dormir con calma en su placentera cama". "¿Por qué?", preguntó la niña de seis años que alguna vez fui. "Porque existe tanta guerra y hambre", dije. Y ella preguntó: "¿Ella cree que si no come termina la guerra aquí? ¿Y qué pasa con la rica comida sobre su mesa?"

Más tarde, en algún momento cuando estaba en Brasil con el fin de realizar reportajes para la asociación de niños necesitados *Kindernothilfe,* me invadió nuevamente el gran desamparo, esta vez, al ver toda la miseria de la infancia acerca de la cual debía informar para la televisión. Miseria indescriptible, hambre, abandono, prostitución, criminalidad. Por la noche, cuando cenaba con colegas en el restaurante, cuanto más conversábamos sobre las penurias en el país, tanto más crecía mi desesperación, hasta que finalmente me levanté de la mesa servida. Sólo quería irme. Caminé de aquí para allá por la ciudad hasta la playa. No dejaba de tener sus peligros. Posteriormente debí escuchar mis propias reprimendas por esta acción ligera. ¿Ligera? Era todo lo contrario de una acción a la ligera. Se sentía como si el peso de todo el mundo estuviera sobre mis hombros. Pero allí, junto al mar, con el sonido de las enormes olas bajo el gran cielo estrellado, de pronto tuve en claro que era demasiado pequeña para poder aproximarme a una respuesta frente a toda la miseria que tenía frente a mí. Sí, habría sido una especie de arrogancia haber creído ser quien debería cargar con la responsabilidad por el horror del mundo. Esta responsabilidad debo dejarla en manos de quien es más grande que todo lo comprensible. Y mi propia responsabilidad debe limitarse –pero también concentrarse– en la tarea que me ha sido encomendada en mi vida.

Por cierto, también y precisamente, corresponde en vista de lo incomprensible, justamente en lo que en apariencia no tiene salida, la capacidad de permanecer humilde y agradecida de que existe mucho más que los hombres pueden ofrecer. Esto significa también que yo acepte y disfrute lo bueno que me fue dado y que, como Tobit, como Raguel, como Sara, permanezca capaz de alabar a Dios también a la vista de la oscuridad y la dificultad.

Entonces será algo natural que el festejo y la alegría no deban limitarse exclusivamente a las grandes celebraciones. También podemos festejar la vida cotidiana. Un ama de casa atormentada descubrió, para su propio asombro, que –simplemente a través de una actitud distinta– podía celebrar una u otra cosa de sus tareas del hogar. Ella dijo: "En lugar de correr de aquí para allá y ventilar, ahora disfruto con absoluta conciencia el abrir las ventanas y a través de una aspiración profunda y agradecida permitir la entrada del día a las habitaciones". Y un empleado descubrió aún muchos años antes de jubilarse, que casi todo lo que tenía como una visión lejana para el tiempo posterior a la vida profesional, en realidad ya podía integrarlo ahora a su actividad cotidiana, por ejemplo, observar y apreciar con admiración y ojos bien abiertos la belleza del mundo. Cuando transitó el camino habitual hacia el trabajo con los ojos de un turista, curioso como si estuviera en una ciudad extraña y exótica, descubrió de repente jardines que antes nunca había visto, encontró caras interesantes de las que otras veces no se había percatado, admiró adornos en las casas que antes parecían no estar. Cuando por la noche regresó a su hogar con la sensación de agradecimiento por poder celebrar ahora la noche, le daba así una oportunidad a esas horas de convertirse en la fiesta cotidiana. Él lo denominó "Aprender a amar y celebrar la vida".

También las despedidas y los nuevos comienzos en la vida deberían ofrecer oportunidades para celebrar. Por suerte todavía es habitual en los entierros en nuestra época, celebrar la despedida mediante el banquete fúnebre, en el que familiares y amigos están sentados unos con otros y recuerdan agradecidos mucho de lo que vivieron y compartieron con el difunto. En su historia de vida y, quizá en todas las historias que él siempre contaba, se hará sentir claramente una vez más su persona, aquello que deja como legado de vida. Y otra vez es posible unir a ello el agradecimiento, agradecimiento porque precisamente esta persona ha recorrido un tiempo con nosotros.

Una pareja conocida celebró una fiesta especialmente bonita de un nuevo comienzo cuando, tras una crisis matrimonial que duró muchos meses, nuevamente se unieron. Ellos viajaron al lugar donde se habían conocido, se sentaron en el mismo café en el cual por primera vez se declararon su amor, fueron a la iglesia en la que se casaron y celebraron durante todo un día tras las huellas de su primer y joven amor, el comienzo de un amor más consciente y maduro y de un estar juntos en el camino.

Nosotros podemos hallar y crear nuestras propias formas de celebración con todo lo que nos hace bien a nosotros y a nuestros amigos de manera razonable y divertida, y que justamente pueda contener estos elementos del compartir, disfrutar y glorificar. Cantar, bailar, hacer música, nuevos encuentros, conversaciones y juegos, cocinar y comer en conjunto, picnics y noches de lectura, festivales de cine privados y excursiones, la fantasía no tiene límites. Sería lamentable que nosotros mismos nos pusiéramos límites.

Sanación

Liberarse de lo que enferma

El libro de Tobit describe la historia de Tobías como un camino hacia la madurez y relata la historia de sanación de Tobit. Ambos relatos están vinculados y entrelazados en forma significativa. A través del tiempo del desamparo y la necesidad, el tiempo de la ceguera durante el cual espera el regreso a casa de su hijo, Tobit se prepara para la sanación, se prepara para poder aceptar ayuda, para admitir la sanación. Sin la ceguera de su padre, la historia de vida de Tobías se habría desarrollado de otra manera. Rafael no se habría unido a él, la misión de Tobit no lo habría conducido por este camino de maduración para finalmente estar listo a contribuir con su parte a la sanación de su padre.

Se dice que los ángeles actúan como enviados de Dios, que actúan como maestros y reveladores, como mediadores y protectores en los peligros y como compañeros de viaje, y pueden actuar como sanadores. No obstante, su tarea no es obligatoriamente "dar salud" sino la sanación, y ésta a menudo se verifica de forma indirecta en la cual nosotros, personas, podemos participar. Puede suceder que una enfermedad continúe pero que a pesar de ella se produzca la sanación. Las vivencias de enfermos que llenos de esperanza peregrinaron hacia Lourdes, cuentan de tales acontecimientos. Ellos regresaban a casa y todos pensaban que ese viaje no habría aportado mucho. Pero para ellos mismos se había modificado algo fundamental a través de cosas que no son visibles a primera vista, por cierto a través de reconocimientos y fortalecimiento, a través de experiencias de fe y a través del valor recién adquirido para abrirse, para admitir los riesgos, los encuentros y los procesos de maduración. A veces existe más salud en ello que en una enfermedad curada.

No es Tobías quien libera a su padre de la ceguera, tampoco Rafael, sino que "Dios se revela como médico" o "Dios sana". Desde un comienzo el significado del nombre de Rafael ya había hecho referencia a que sucedería así. Rafael hace posible en la figura humana de Azarías, a través de su manera de estar presente, que se produzca la sanación. Él no la provoca por sí mismo sino que pone atención a qué puede suceder, que Tobías madure para actuar en forma adulta y plena de responsabilidad, y así contribuye indirectamente a que su padre esté listo para permitir la entrada de la luz a sus ojos y a su alma.

La capacidad de participar en el plan sanador de Dios, o sea, de ser un ángel para otros en ciertas situaciones, no consiste tanto en lo que hacemos sino mucho más en lo que permitimos, o sea, casi prácticamente en el no hacer.

Sólo con participación del enfermo puede resultar la sanación. Sólo puede resultar el crecimiento cuando tiene lugar a partir del hombre que se aboca a este proceso. En el mejor de los casos podemos ayudar a nuestro compañero a alejar las cosas que lo obstaculizan, o darle valor, o permitir que sea más claro algo que podría ser conveniente, o a veces en forma muy práctica conocer la medicina adecuada o a alguien que puede ayudar. Pero aquello que en realidad actúa, tiene lugar en otro plano en el cual la disposición al cambio es indispensable. De lo contrario, se cura un mal pero la enfermedad propiamente dicha continúa. O se saltea un nivel de desarrollo tratando de ver rápidos resultados. Entonces falta un peldaño de la escalera fabricado por nosotros mismos, y la caída está programada.

Cuando Tobías se aproxima con su joven esposa a su ciudad natal, Rafael le aconseja que continúe el viaje solo en el último tramo del camino, y que Sara con toda la comitiva, los criados y las criadas, los camellos y el ganado lo siga lentamente. "Tú sabes, hermano, cómo has dejado a tu padre", le dice, "o sea que lleva contigo de cualquier modo la hiel del pescado que es un buen medicamento para curar las enfermedades de los ojos".

Muy sensibles, Tobías y Rafael se dirigen hacia el reencuentro. Confrontar a Tobit en su absoluto desamparo con la felicidad y repentina riqueza de su hijo, con la joven nuera y con todo lo nuevo quizá sería demasiado para él y le haría parecer insoportable el profundo contraste con su propia miseria y necesidad. Quizá se retraería tanto más en sus propias dudas: "Nada ni nadie puede ayudarme".

En aquella época, la hiel del pescado era un remedio totalmente habitual para la oftalmología, de manera que los médicos que no habían podido ayudar a Tobit seguramente ya habían aplicado también en vano este tratamiento. Si ahora también su hijo viniera con eso, su escepticismo sólo incrementaría su resistencia, su rechazo frente a todo aquello desde donde debería aceptar ayuda. Ni siquiera los mejores medicamentos podrían contra ello. Por esta razón, el pequeño incidente siguiente se convierte en una escena clave en la historia de sanación de Tobit.

Cuando Ana ve venir desde lejos a su hijo con su compañero, se acerca de inmediato a su esposo y le da la buena noticia: "¡Tobías regresa a casa!" Tobit se apresura al encuentro con su hijo. En su apuro tropieza y amenaza caer en el preciso instante en que Tobías está lo suficientemente cerca como para agarrarlo, y padre e hijo se encuentran en un abrazo vigoroso.

Este abrazo se convierte para Tobit en un mensaje opuesto físicamente perceptible contra la creencia perjudicial y oprimente que determinó su vida durante décadas en forma absolutamente natural: "A mí nadie puede ayudarme", o "Ningún lugar es seguro para mí, no puedo sentirme protegido en ningún lugar". Como huérfano, había sido abandonado por sus padres. Luego, como niño refugiado, se sintió empujado de la tranquilidad campestre a la gran ciudad, y luego, como luchador solitario contra un entorno colmado de supersticiones y escepticismos; Tobit siempre experimentó el mundo como hostil y negativo, como inseguro y peligroso en múltiples formas. Se había sentido extraño y falto de pertenencia. A causa de este drama interior se retrajo más y más, inclusive antes de quedar ciego se había refugiado en su propio mundo. También se prohibió demostrar sus sentimientos; el mundo parecía demasiado peligroso para ello.

Un trastorno básico que acompaña tal observación distorsionada y afectada está muchas veces vinculada en la vida diaria con el temor frente al contacto visual directo, con el temor frente al contacto físico, y con la retirada hacia el sistema propio. Entre estas personas encontramos expertos en computación o poetas convertidos en extravagantes solitarios, que a partir de heridas similares han entrado en sistemas de fe comparables. Los mensajes opuestos pueden actuar aquí en forma curativa; alguien que le dice a usted: "Perteneces a los nuestros, nos alegramos de que estés, eres bienvenido y aquí puedes sentirte muy seguro". No obstante, estas frases a menudo, a pesar de ser dichas auténtica y amablemente, no son oídas como si en cierto modo no estuviera preparada la antena para captarlas, o simplemente son rechazadas por poco creíbles. No es fácil para estas personas siquiera considerar posible un sentimiento fundamental de seguridad y protección.

Tanto más maravilloso es lo que vive Tobit. Antes de que se le pudiera ocurrir un argumento contrario o alguna objeción siente la calma y la seguridad de su hijo que lo sostiene, y ésta es una experiencia que significa más que muchas palabras, más que lo que cualquier seguridad afectuosa pudiera haber provocado. "Puedes dejarte caer. Puedes soltarte, porque te sostendré". Todo el esfuerzo, que este sistema de fe fundado en la amenaza y la inseguridad significó para él durante toda una vida, se deshace en el abrazo de su hijo.

Se dice que nosotros, los hombres, somos ángeles con una sola ala. Pero si nos sostenemos mutuamente, en conjunto tenemos dos. ¡Cuántas veces Ana y Tobit protegieron a su hijo frente a las caídas cuando era todavía un niño, y de este modo, sin reflexionar al respecto, le dieron un fundamento seguro para su confianza primitiva en el mundo! Ahora, por un instante, los papeles se han invertido.

Todo cambio provoca esfuerzo. Inclusive las buenas experiencias deben ser corporizadas e integradas. Los tres, Ana, envuelta en lágrimas de alegría por el reencuentro, pero también Tobit y Tobías, necesitan una pausa para reponerse. Una vez que rezaron y agradecieron, se sientan juntos.

Si queremos estar presentes y acompañar a otros de buena manera, muchas veces es conveniente poner atención a que no todo se abalance de una vez sobre la persona, por más satisfactorio que sea. También las experiencias sanadoras requieren su tiempo para poder obtener su lugar como reconocidas, de manera que se conviertan en parte integrante de la totalidad interior. Recordamos el pescado que debía ser trozado, preparado, masticado, tragado y bien digerido. Una y otra vez, y de múltiples maneras, me parece muy valioso hacer un alto, que nosotros, como compañeros de viaje, a veces deberíamos dar impulso y tiempo a tal fin. Nuevamente Rafael es un ejemplo aquí para mí, quien en esta situación no apremia para que la sanación de la ceguera de Tobit ocurra de inmediato. En primer lugar, así lo imagino yo, existe un momento de calma. Adentrarse, establecerse y volver a dejar en libertad, parece un orden que no sólo puede actuar positivamente en tiempos de reflexión o de meditación sino ante todo como pausa en medio de importantes fases de modificación en nuestra vida.

Después de esta sanación de un modelo de vida lesionado, la sanación de la ceguera de Tobit no parece quizás, a primera vista, muy sorprendente. Pero también aquí existe un elemento importante, que trasciende el plano físico.

Si contribuimos a que tenga lugar la sanación puede ser necesario que si bien no provoquemos dolor intencionalmente, sí debamos infligirle al otro molestias o amargura. Ante todo es indispensable la confianza de aquel que se aventura a tal proceso de sanación. "No temas, padre", dice Tobías, dado que Rafael ya le había indicado que la hiel provocaría ardor en los ojos de Tobit.

El reconocimiento de lo que debemos modificar a veces es doloroso. Realmente puede ser amargo ver nuevamente ante nosotros aquello que dejamos pasar, aquella vitalidad que no hemos admitido, aquello que por sabihondos hemos evitado en el propio desarrollo. El momento en el que queremos borrar todo esto de manera definitiva, el momento en que nos frotamos los ojos en señal de reconocimiento, se cuenta quizá entre los instantes más dramáticos y valiosos de un proceso de maduración. Es menester valor y confianza, como los que Tobías le da a su padre.

La hiel arde dolorosamente, Tobit se frota los ojos, las manchas blancas se disuelven y recobra la vista.

Durante cuatro años estuvo ciego. En este tiempo no había podido dirigir su mirada al exterior, hacia todo aquello que antes había observado siempre con mucho rechazo, con mucha desaprobación. En este tiempo adquirió una nueva visión del mundo, tal vez con la confianza creciente de que también en los trayectos oscuros estaba bajo la protección y la guía de Dios, y de que este período escondía en sí la oportunidad de un nuevo comienzo. Es posible que precisamente por esta razón haya madurado como buen compañero de viaje para sus semejantes, de alguien que no mostraba la fachada impenetrable del religioso, del superhombre en todo momento correcto, sino que se haya vuelto sensible, que no siempre realiza lo correcto y lo bueno obstinadamente sino que ha aprendido a ver a partir de su tiempo oscuro, de modo que ya no transita el camino de la razón rígida y de la estrechez sino el camino del amor y la humanidad. Ahora que recobró la luz de sus ojos puede comenzar a observar la claridad, donde antes la mirada estaba turbada por la defensa y la desconfianza.

Es así que, si aceptamos ciertas enfermedades, pueden ser un buen maestro; que si bien a primera vista es desagradable, molesto y no precisamente bienvenido, su enseñanza, su mensaje es exacto para nosotros, para nuestra situación actual, mantiene dispuesta nuestra posición viciosa interior –y por ende también exterior. Yo misma habría sido en toda forma ansiosa y por ende más bien superficial, si no hubiera sido por "mi" asma; nunca habría reconocido la pausa y detención como elementos convenientes en mi camino de vida, tampoco habría adquirido tan fácilmente un acceso a la natural sensibilidad para con los enfermos e impedidos.

Una y otra vez he visto los ejemplos más sorprendentes de tales funciones secundarias bienhechoras de la enfermedad. Incluso el síndrome de Tourette, que en principio parece totalmente carente de sentido con todos los tics y movimientos intensos e incontrolables, las repeticiones obligadas de palabras, tal como lo experimenté con un paciente; se había convertido en una estrategia sobresaliente contra el abuso sexual en la infancia y más tarde en una posibilidad de delimitarse en su individualidad.

Una joven mujer recién tuvo en claro a través de una inflamación intestinal crónica, "su" Morbus Crohn, que en sentido figurado ella debía atender a que los conflictos espirituales crónicos que proliferaban no quedaran en la oscuridad. Ella comprendió, recién a través de su enfermedad, que en muchos ámbitos debía liberar el flujo de la vida obstaculizado, que su fiebre elevada siempre era un indicativo de la lucha febril pero ineficaz que llevaba a cabo para concretar sus propias aptitudes improductivas.

Cuando una enfermedad ha dejado de tener una oportuna función secundaria, puede curarse con mayor facilidad.

Ciertas enfermedades también enseñan al afectado a vivir consciente de su propia limitación, y cuestionar así y redefinir los propios parámetros. Para Tobit, tal reordenamiento de los valores seguramente se inició con la enfermedad. Pero, principalmente Tobit aprendió algo que teñía toda su vida: a dejarse obsequiar, a comprender que la salvación no puede hacerse tampoco con la mejor buena conducta sino que la salvación y la sanación deben tomarse como obsequios y aceptarse como obsequios y que la Divina Providencia no es manipulable al obedecer –cual niño aplicado– ciertas normas, sino que el plan salvador de Dios puede realizarse en el dejar que suceda.

Tobit permite entonces que la salvación tenga lugar y que a través de su hijo llegue luz y nueva vitalidad a su vida.

Si le hubieran preguntado a Tobías si fue él quien sanó a su padre, lo habría negado, a lo sumo habría dicho: "Sí, con ayuda de Dios", o quizá habría pensado que en realidad había sido Rafael con su buen consejo quien en realidad había provocado la sanación. No habría llegado a la idea de que, para su padre, en cierto modo él se había convertido en ese momento en un ángel y que a Tobit así debe haberle parecido, cuando después de cuatro años de oscuridad, abrió los ojos y vio frente a sí a su hijo.

Cuando como compañeros de viaje experimentamos que tenemos relación con la causa de una evolución, de una sanación, de que podemos contribuir a llevar luz a la oscuridad, puede ocurrir que alguien diga: "Gracias. Usted es un ángel", o "¡Lo envió el Cielo, gracias!" ¿Qué hacemos entonces? ¿Es embarazoso para nosotros? ¿Nos vamos a un rincón en el que a escondidas podemos estar un poco orgullosos por lo que hemos contribuido a que ocurra? ¿Nos resistimos de inmediato al opinar que no fue nada en particular, empequeñeciendo lo que el otro percibe como grandioso?

Existen cientos de posibilidades diferentes para matar de inmediato un elogio. Nosotros, los alemanes, parecemos en esto campeones del mundo. Los americanos tienen una posibilidad muy sencilla de aceptar un cumplido, dicen sonrientes: "¡Gracias!" Poco a poco también comienza a popularizarse entre nosotros. Quizá hayamos copiado algo de las películas americanas de televisión. Si fuera así, sólo sería posible alegrarse por este buen efecto secundario no premeditado.

A veces no sería tan fácil disfrutar todo lo bello, ser consciente de toda la riqueza y también de los propios talentos, si a través del agradecimiento no tuviéramos una válvula de escape que nos protege para no estallar de alegría. A veces, de niña, imaginaba cómo sería para los ángeles en el cielo, que siempre están en esta luz eterna, siempre en la presencia de Dios, y me resultaba absolutamente claro que allí debe cantarse y glorificarse y regocijarse "sin cesar", de lo contrario sería sencillamente demasiado para asimilar, inclusive para los ángeles.

Cuando la luz retorna a los ojos de Tobit, éste abraza a su hijo y glorifica a Dios. Él y Ana y todos los que tomaron conocimiento de ello y compartieron su alegría no agradecen a Tobías a quien seguramente le hubiera resultado extraño, sino que agradecen a Dios. De este modo es fácil disponer una buena acción, una ayuda lograda, no como un alimento del ego sino, como el joven Tobías, adecuarla en el agradecimiento. Ya que somos tan poco capaces de "crear" la vida, tan poco capaces de "hacer" que alguien sane, si no existe la disposición del enfermo a sanar, y menos aún, aquello que está muy por encima de la capacidad humana.

Integración y beneficio

De la aventura a la cotidianidad

Rafael no aparece en las escenas siguientes de la historia ya que, como compañero de viaje, hace precisamente lo conveniente en esta situación, se mantiene en la retaguardia. Cuando una persona a la que acompañamos se adecua a una nueva realidad, se sumerge en ella como en este caso Tobit, Tobías y Ana, es bueno dejar la conducción totalmente en sus manos. Probablemente todo se agrupe y organice entre sí con el debido desarrollo de tiempo necesario para enfrentar lo nuevo, para valorarlo y permitirle ser parte de la propia realidad.

De tal forma, en primer término Tobías relata en detalle lo que ha vivido y a través de esta narración toma una vez más conciencia de qué se ha modificado en él. El camino hacia la madurez, si bien no es nombrado expresamente, no sólo se torna evidente para él tras los acontecimientos externos que relata sino también para sus padres.

Quizá Ana, mientras escucha a su hijo, tome conciencia de que también ella atravesó una época de desafío extremo, una época de evolución.

Tobit, por su parte, habrá comparado mentalmente al escucharlo su propio camino con el de su hijo. Quizá confronte la libertad en la que Tobías experimentó la ayuda de Dios en su viaje con la que él mismo había vivido en su sistema de fe anterior. Es posible que haga pasar ante sí nuevamente esta imagen y si bien no la borre mediante una nueva óptica, sí la complemente.

Al integrar una nueva experiencia es útil un compañero de viaje que, como Rafael, haya sido un testigo que valore y confirme los desafíos que vivimos, qué nos cuestionamos, qué nos hizo crecer, muchas cosas que con posterioridad a veces a nosotros mismos nos cuesta creer, porque fueron tan grandes o tan estremecedoras, tan "casuales" o tan misteriosas. Pero también puede ser útil alguien que justamente no estuvo presente cuando recorrimos este trayecto y que nos acompaña con preguntas colmadas de estima respecto de nuestro reconocimiento en el reino dominado, alguien que nos escucha con tanta atención que de corazón se adhiere a nuestro agradecimiento por lo logrado y realizado.

Es algo especial poder estar presente así como compañeros de viaje durante un tiempo, ya que todas las aventuras y pasos de desarrollo del otro también son estimulantes para nuestro propio aprendizaje y crecimiento, precisamente cuando éste comienza a reconocer su determinación, cuando se torna capaz de actuar en el propio desarrollo a partir de experiencias importantes, cuando está dispuesto a enfrentar en forma nueva y distinta los desafíos en su vida. En todo acompañamiento, ya se trate de una breve y ligera conversación o en períodos prolongados de ayuda, ya sea en la vida cotidiana de nuestra familia, también podemos ser nosotros quienes aprendamos si así lo queremos. Y siempre participaremos de los procesos de maduración de manera que los trayectos en los cuales fuimos acompañantes también estimulen nuestro propio crecimiento y maduración. Encontramos referencias y modelos de ello en los reconocimientos adquiridos en tiempos oscuros y también en las estrategias que condujeron a vidas felices y logradas.

Se evidencia cuánto ha cambiado Tobit cuando él, que antes se retraía huraño, ahora se pone en movimiento. En lugar de esperar en su casa como digno patriarca, a que llegue la esposa de su hijo con su comitiva, va a su encuentro lleno de alegría hasta las puertas de Nínive. Y todos los que lo ven quedan atónitos de que pueda ver nuevamente y también por su evidente transformación, ya que nunca lo habían visto tan apurado, tan colmado de alegría.

El encuentro con Tobit se convierte para Sara en un último momento de sanación, en una hora a partir de la cual quedan restablecidas definitivamente su dignidad y su propia estima. Su suegro va a su encuentro para bendecirla y darle la bienvenida, y con él viene su esposo, Tobías, "y él alabó a su esposa", dice sencillamente. En su camino desde la casa paterna hacia Nínive, hacia lo desconocido, hacia los extraños alrededores, Sara dio un paso importante hacia su independencia, hacia la conciencia de sí misma en su rol de mujer. Ella, que tanto padeció por la incomprensión, la falta de respeto y el desprecio, que sólo deseaba su muerte, experimenta aquí junto a las puertas de la ciudad, cómo le es ofrecido aprecio y amor. Quizá también ella perciba en este instante la gran distancia que ha dejado atrás en el camino hacia una comprensión de sí misma nueva e íntegra.

Justamente en la detención entre la mirada retrospectiva a los tiempos de modificaciones dramáticas y la vista hacia el futuro puede resultar interesante, y quizá sorprendente, formularse a sí mismo cuatro preguntas respecto de la imagen propia:

¿Cómo imagino que "los demás" quisieran que fuera yo? ¿Participo en la formación de esta imagen de fantasía, me traiciono a mí mismo y a aquello que en realidad me distingue?

¿Cuál es la imagen que los demás deberían tener de mí, tal como yo desearía parecer a sus ojos? Puede suceder que para lograr esta imagen, este papel, realice grandes esfuerzos y que deba pagar un precio muy alto por ello.

Luego, ¿qué me gusta a mí de mí mismo? ¿Qué me disgusta cuando me veo de frente? ¿Cómo me manejo con mis lados de luz y de sombra? ¿Me quiero? ¿O no? ¿Por qué?

Y cuando finalmente sigo las huellas de mi anhelo más profundo: ¿cómo me gustaría ser realmente?

¿Cuán distinta habría sido la respuesta a estas preguntas hasta hace poco tiempo?

Si Sara se hubiera formulado estas preguntas antes de su encuentro con Tobías, probablemente hubiera estallado en lágrimas ante el sentimiento de que nada está en orden, nada es adecuado, nada es congruente consigo misma. Su entorno tenía toda clase de expectativas sobre ella, que ella no podía cumplir. Su deseo de que los demás la vieran como una joven mujer religiosa, obediente y discreta, había sido imposible de cumplir a causa del demonio, del "demonio sí, pero", de manera que sólo parecía quedarle la retirada de toda vitalidad. Un precio demasiado alto. Su imagen de sí misma estaba plena de sombras y grietas. ¿Se habrá sentido digna de ser amada en aquella época? Por cierto no, de lo contrario no habría deseado su propia muerte ni habría dejado de animarse a remover su anhelo más profundo.

Ahora, a las puertas de Nínive, todas las imágenes que eran como fragmentos de un todo, están nuevamente unidas. Sólo existe una imagen. Ella siente que su esposo la ama tal como es, junto a su pasado difícil, y se siente altamente bienvenida por su familia. Ella está de acuerdo consigo misma, ahora que ha salido de la inseguridad y el dolor, y no desea ser nada ni nadie más que ella misma, Sara.

Naturalmente, se celebra una gran fiesta alegre durante siete días con todos los amigos y familiares. Se cuenta y se come, se bebe y se baila, y por encima de toda la celebración está el agradecimiento.

Pero a continuación se encuentra la aventura, se encuentran el tiempo desértico y la oscuridad, la experiencia de poder desprenderse, la vivencia del desamparo y de la propia fuerza, el encuentro con el misterio y con la claridad. ¿Cómo es posible mantener vivo todo esto en su esencia? ¿Cómo puede ser utilizado?

Me imagino entonces a las personas que acaban de regresar de las vacaciones. Suben la escalera de dos en dos escalones por vez, los ojos brillan, están ávidos de nuevas experiencias buenas, el alma está colmada de imágenes multicolores, están recuperadas, distendidas y al mismo tiempo plenas de energía, ricas en ideas y creativas; en pocas palabras, son completamente ellas mismas. Cuando las vuelvo a encontrar dos o tres semanas más tarde, generalmente todo está como antes. ¡Qué pena! No tiene por qué ser así. Existen por cierto posibilidades de "prolongar las vacaciones" si aprovechamos y permitimos que continúe el efecto de aquello que nos provocó tanta alegría y nos condujo hacia nuestras mejores y más hermosas cualidades. El efecto sanador de los tratamientos no se basa en realizar algo por nosotros mismos durante determinado tiempo, en vivir cuatro semanas en forma saludable y habernos permitido para nuestro cuerpo y alma todo lo que nos hace bien. Es mucho más. Aquello que hemos aprendido respecto de cómo deberíamos vivir en realidad, cómo podríamos vivir en realidad y los impulsos que hemos obtenido, adoptarlos y transportarlos a casa, a nuestra vida cotidiana. Si esto resulta, el tratamiento tuvo éxito. El goce de comidas saludables preparadas con cariño, el placer de caminar o trotar, el sueño reparador, los períodos para mí mismo, la disposición para buenas conversaciones y encuentros, la atención a lo que mi cuerpo quiere decir; todo esto puede convertirse en buenas costumbres si descubro y reconozco su valor y si por tal motivo lo incorporo con suma atención a mi rutina diaria. De esta manera podemos permitirnos una conveniente prolongación del tratamiento por tiempo indeterminado. Detrás de ello se encuentra principalmente el hecho de tomar conciencia de nosotros mismos, de aquello que nos dio tanta vitalidad, energía y recreación, que nos dio fuerza, que nos permitió regresar a nosotros mismos y reencontrar nuestro centro. Y reconocer que mucho de ello, casi todo, podemos conseguirlo o provocarlo en nuestras propias cuatro paredes, con poco esfuerzo y con un costo significativamente inferior al del tratamiento o sitio vacacional. No sólo eso, podemos continuar desarrollando nuestras ideas que responden con exactitud a nuestras necesidades absolutamente propias.

Algo similar ocurre con los conocimientos adquiridos a través de nuestras experiencias, las buenas y las oscuras. Sería una pena que quedaran limitados a estas vivencias esenciales que nos llevaron a ello, ya que esto sería también lo gravoso, la pena realmente sin sentido. Es mucho más conveniente buscar a mi alrededor dónde y cómo aplicar y aprovechar mis conocimientos en la vida diaria y expandirlos a otras áreas, es decir, a la relación conmigo misma, a la relación con mi pareja, con mi familia, con mi entorno profesional o social, o también a mi filosofía de vida que continúa creciendo junto a mí y a mi visión del mundo, de manera tal que una época de experiencias intensas y comprimidas, de conocimientos adquiridos, continúe siendo alcanzable y fructífera. Es interesante encontrar qué puede servir como ancla si estos períodos deben estar disponibles con los recuerdos y reconocimientos vinculados a los mismos. Si yo misma necesito claridad y una visión general y, a causa de la maleza cotidiana no logro sin esfuerzo una visión unívoca de lo importante y de lo que no lo es, me traslado mentalmente a uno de los escenarios naturales más impresionantes que he experimentado en mis viajes. A la vista de la salida del sol sobre la cadena montañosa del Himalaya, para mí muchas cosas se volvieron cuestionables, y esta experiencia perdura cuando la recuerdo a fin de obtener la distancia necesaria para distinguir lo esencial de lo no esencial.

Pero puede tratarse también de una imagen de sí mismo bien determinada que se vincula con un paso importante en nuestra vida. Para recurrir una vez más al ejemplo de la "prolongación de las vacaciones", recuerdo una mujer que contaba acerca de sus vacaciones en Grecia: "Me sentía completa como mujer, me sentía rica y cálida y plena de energía mientras caminaba por la isla de Patmos. No, no sólo me sentía así, también lo era". Después de dialogar durante un tiempo al respecto, ella comprendió que ella era todo eso no sólo allí y entonces, sino también ahora si estuviera dispuesta a tomar nuevamente plena conciencia de ello y a vivirlo. Era importante que ella permitiera surgir una visión de cómo ella puede ser en su uniformidad cotidiana "completamente mujer, cálida, rica y plena de energía". Esta imagen era absolutamente realizable. No fue alguna persona entonces en Patmos, alguien a quien ella dejó allí, sino ella misma, junto a las cualidades que había pasado por alto hasta esas vacaciones. Realmente muchas veces se trata de las partes no vividas dentro de nosotros que pueden aparecer –o recién aparecen– de este modo. Al igual que el entorno en las vacaciones, la gente que conocemos y el paisaje reflejan tan felizmente nuestra propia imagen, también puede ser que llevemos con nosotros a casa ese yo vacacional. Quizá sirva si como amigos preguntamos amablemente una y otra vez: "¿Cómo le va a tu yo vacacional?"

El manejo de la vida diaria después de grandes acontecimientos requiere un cuidado especial. Por un lado se trata de integrar las experiencias y llevar con ellas una vida más madura y más rica, más colorida. Por el otro, sabemos que el desarrollo ulterior no continúa siempre con un estado óptimo o un entendimiento, con épocas de enamoramiento o épocas de grandes reconocimientos. Existen trayectos áridos en los que nada parece moverse. Siempre veo estos períodos como fases de transformación en crisálida, que son convenientes no sólo para las mariposas en formación. Si nos impacientamos, en lugar de permitirnos este lapso en forma consciente como período de maduración o maduración posterior, nos hacemos tan poco bien como una crisálida a la que arbitrariamente tratamos de abrir para ayudarla rápidamente en su desarrollo. Tomar con humor y serenidad, honestidad y paciencia la cuota de tareas absolutamente normales que cada día trae aparejadas, es a veces más heroico que resistir una lucha victoriosa en ocasión de grandes desafíos.

Existen épocas que tendremos en nuestra memoria con mayor elasticidad y colorido que otras, y épocas que por su uniformidad parecen no haber sido vividas. Es interesante este instante entre ambas, o la transición de una a la otra. En qué medida queda en claro cuándo orientamos la mirada hacia nuestros valores. Algo se habrá modificado por cierto en los tiempos de maduración o tras el análisis que tuvo lugar con nosotros mismos o con lo que el destino nos confrontó. Reasignaremos nuestro papel en la vida cotidiana y nuestra función en el mundo, también de acuerdo con una nueva jerarquía de nuestros valores. ¿Qué se encuentra por encima de todo para nosotros: la libertad o la seguridad? ¿La comunidad o la independencia? ¿La comprensión o el poder y el éxito? ¿El amor? ¿Y contra qué tratamos aún de luchar en nuestra vida? ¿Contra el fracaso y la desilusión? ¿Contra el desamparo o la amenaza, contra la caída al sinsentido o el peligro del aislamiento y el destierro interior o exterior? ¿Qué significa para mi vida el cambio de valores respecto de su jerarquía? ¿Qué se modificará en la vida cotidiana para mí y para aquellos con quienes convivo?

Después de la fiesta corresponde algo más, muy importante para Tobit. Él es consciente del agradecimiento que merece su compañero de viaje Rafael, y se pregunta cuál sería la expresión material adecuada de este agradecimiento. Además –y esto se evidencia en la naturalidad con que Tobías ve en su hijo al interlocutor adulto– lo aparta para considerarlo con él. Tobías rememora para sí y frente a su padre, una vez más lo que se ha conformado tan bien con ayuda de Rafael, y dice: "Quisiera darle a mi compañero de viaje la mitad de mis bienes, la mitad de todo lo que he traído. Él me ha acompañado, ha estado a mi lado, me ha dado valor y gracias a sus buenos consejos debemos agradecerle que Sara haya sido redimida del demonio y que tú hayas podido ser curado de tu ceguera". Tobit de inmediato está de acuerdo con esta decisión de su hijo.

¡Qué fácil se ha hecho el trato abierto y adulto entre ambos! Ellos observan en conjunto un problema, intercambian sus ideas y la decisión la toma el que posee el conocimiento más preciso de la cuestión, en este caso, el más joven, Tobías. Esta pequeña escena me parece una imagen de la vida cotidiana que esta familia compartirá en el futuro, y una favorable mezcla de generosidad, calidez y respeto.

Despedida

El buen final de un acompañamiento

Podría haber sucedido que a Tobit o Tobías, Ana o Sara se les hubiera ocurrido decir: "Que el amable y confiable Azarías, que prestó gran ayuda, que siempre da consejos en el momento oportuno y apoyo en todas las situaciones difíciles, se quede para siempre con nosotros". Pero a ninguno de ellos se le ocurre esta idea. Evidentemente es natural para ellos que, con las experiencias realizadas, se sientan capaces y estén dispuestos a soportar también épocas difíciles y oscuras y a continuar llevando una vida exitosa.

Cuando he acompañado durante un tiempo a otras personas en un trayecto difícil de la vida, en algún momento ellas saben que ya no necesitan mi asistencia. Son conscientes de sus propias fuerzas y capacidades, del propio saber inherente a ellas. Este instante siempre es sumamente valioso para mí. En cierto modo, desde el comienzo del acompañamiento trabajo para tornar superflua mi asistencia en el momento oportuno. Esto naturalmente no significa que luego seré totalmente inaccesible para aquellos con quienes compartí una importante etapa de su desarrollo. Pero generalmente se da por sí mismo que la distancia se acrecienta temporal y muchas veces también localmente, y que un día sólo queda el recuerdo agradecido de una porción importante de camino en común y de aquello que cambió para bien.

El final de un acompañamiento debe ser tan prudente, cuidadoso, debe realizarse con tanto esmero y cariño como el comienzo. No siempre es fácil. En la vida a veces existen también separaciones difíciles, por ejemplo el final de una compañía de viaje que se quebró porque ya no era posible una convivencia armónica o ya no resultaba saludable. Pero precisamente entonces deberíamos intentar hallar una buena despedida, una que logre que la decepción o inclusive el odio no queden en primer lugar. Quizá necesitemos para ello previamente una distancia temporal, para poder extender la visión de manera tal de ser capaces de mirar retrospectivamente, no sólo lo doloroso, no sólo a las heridas mutuas, sino también a todo lo positivo de la convivencia. Quizá extender la visión a los comienzos felices de la relación, a los buenos tiempos que compartimos y a los difíciles que soportamos juntos, tiempos en los cuales a veces también pudimos ser ángeles el uno para el otro, y a los impulsos y estímulos mutuos que permanecen más allá del camino en común. Es bueno percibir un día el agradecimiento por todo lo que aprendimos en el tiempo en común, y buscar una oportunidad para compartir juntos este agradecimiento, quizá en un diálogo conjunto o a través de una carta para dar un cierre conciliador a la relación fracturada.

Pero si un acompañamiento ha sido tan bienhechor como el que Tobías experimentó a través de Rafael, es importante, además, notar que allí no actuó únicamente el ángel benefactor, sino que entretanto se han hecho importantes nuevas relaciones, lazos, amistades, comunidades sociales, acompañamientos o colaboraciones. Por lo tanto, el motivo firme por el cual Tobías ahora avanza confiado hacia el futuro es, en primer lugar, seguramente su vínculo con Sara, luego también la buena relación con sus suegros, pero también es sumamente relevante el plano de responsabilidad propia, adulto y dedicado en el cual enfrenta a sus propios padres, y finalmente, la relación amistosa con los vecinos, vínculos que seguramente se reavivaron con la fiesta de bodas. En su mayoría, compañeros de viaje que no existían o al menos no de esta forma, antes de su partida.

Si nos despedimos como compañeros de un acompañamiento, corresponde que prestemos atención a qué puentes podemos construir o afianzar y, si podemos delegar a otros una u otra de las propias funciones que ocupábamos, que sepamos apreciar los nuevos vínculos formados.

Continuando con nuestra historia, Rafael da cinco ejemplos uno a continuación del otro, de elementos que corresponden a un final exitoso de un acompañamiento.

Es muy importante un diálogo en la despedida, sin distracciones y con absoluta calma. Para ello Rafael aparta a Tobit y a Tobías, ya que su intercambio recíproco está ante todo determinado sólo para ellos tres.

Es hora de mirar el presente, tal como se ha conformado, y manifestar con agradecimiento: "Alabad a Dios", dice Rafael.

Luego honra algo que quizá, en el curso de los nuevos reconocimientos, hubiera podido ser apreciado escasamente; honra todo lo bueno y útil que

Tobit realizó antes de su ceguera, muchas cosas que Rafael recuerda una vez más con estima.

A veces experimento que, precisamente por tanto entusiasmo acerca del nuevo camino emprendido, no queda reconocimiento alguno para el origen y la causa a partir de los cuales se pudieron desarrollar los primeros cambios que han conducido hasta el presente. Es una pena, ya que así quizá quede oculta la visión hacia las raíces y por ende también el acceso a las fuentes permanentes de energía. Es agradable cuando, tras un paso de desarrollo decisivo, tenemos el tiempo suficiente para observar atentamente junto a nuestro compañero de viaje los buenos elementos de la época precedente.

Luego Rafael recuerda una vez más la situación en la que Tobit se encontraba totalmente sin saber qué hacer, el momento en el que, en su desesperación, sólo deseaba la muerte. Se evidencia aquí que ya entonces estaba fundamentado el comienzo de un desarrollo de la muerte a la vida, de la rigidez a la vitalidad, el comienzo de una etapa de aprendizaje hacia la disposición de dejarse obsequiar con indulgencia y profusión sin una contraprestación.

Después de esta visión retrospectiva, Rafael dirige su mirada a lo que permanece esencial o será importante en el futuro, es decir, la alegría reconocida a partir de la cual surge naturalmente la exaltación de la obra de Dios, y la disposición a compartir las valiosas experiencias con los demás, es decir, ser claros en la vida, en la acción y en la palabra. "Testimoniad lo que ha sucedido".

El antiguo esfuerzo de Tobit en torno a la pregunta por qué Dios le ha exigido todo esto, también encuentra su lugar en esta última conversación. El sentido, la oportunidad y también la dignidad del peso que le es exigido en la vida se comprenden en la sencilla frase: "Porque Dios te estimaba, no debías dejar de tener tribulaciones sobre las que fueras probado". Así como la serpiente sólo puede cambiar su piel cuando se abre paso entre piedras filosas, casi siempre es necesario el desafío doloroso para poder dar un paso decisivo y salir de la ceguera, para poder dar un paso decisivo hacia la madurez. ¿Exigencia como obsequio? Para verlo puede ser importante hablar con alguien que haya vivido nuestro camino de lejos o a nuestro lado como compañero, una persona que, al igual que Rafael con Tobit, comparta con nosotros su opinión, su reconocimiento.

Una estudiante me había contado cómo había finalizado una relación torturante después de mucho vacilar. Ella tomó conciencia recién en ese momento de cuántas cosas fundamentales había conocido y aprendido para ella misma durante ese tiempo difícil. Ella pensaba simplemente que por cierto había permanecido demasiado tiempo junto a su pareja, quien la humillaba y la oprimía en muchos aspectos. "No quisiera volver a vivir esto", decía. "Pero está desterrado el peligro de caer en una situación similar. Ahora puedo mirar inclusive con benevolencia a mi antiguo 'adversario', sí, ahora realmente le deseo el bien. Puedo comprender y perdonar, y por suerte también he reconocido mi propia participación en lo que era tan mortificante entre nosotros". Como en este caso, a veces recién la observación conjunta de segmentos de vida difíciles, oscuros y dolorosos, puede mostrar cómo en la exigencia se ofrece una experiencia de vida, y que, si se la aprovecha, allí radica una ganancia para la vida.

En un punto central del diálogo de despedida con Tobit y Tobías, existe un pensamiento trascendental sobre el pecado, la muerte y la vida que es tan importante para Rafael que lo deja como un regalo: "Quien peca es enemigo de la vida", dice. Es decir, todo lo que obstaculiza u oprime la vida y la vitalidad es pecado. Ya que es cierto que el Creador, que nos dio la vida, quiere que realicemos y estimulemos la vida en todas sus formas. "Los pecadores se matan a sí mismos", dice Rafael, y con ello no quiere significar, al menos únicamente, la muerte física. Pecadores son por cierto aquellos que inclusive con una especie de orgullo desmesurado consideran que deben hacer todo por sí mismos, ser únicos responsables y competentes, y hacerse trizas en ello, es decir, morir. Pecadores son aquellos que no incorporan a su vida la acción de Dios y la gracia de Dios. El mensaje de despedida de Rafael es un mensaje de Dios, que en la zarza ardiente, al preguntarle acerca de su nombre dice "Yo soy *el que está*", o también "Yo soy el que está con ustedes", y con ello Rafael recuerda una vez más la libertad, la confianza y el amor en la relación entre el hombre y Dios, entre Dios y los hombres, a quienes convierte en actores, en partícipes del amor.

Conversé con una asistente espiritual hospitalaria acerca de la situación extrema en la que se encuentra a la vista de pacientes en estado de coma a quienes, por lo tanto, ya no es posible dirigirse y que no reaccionan frente a nada. Precisamente aquí era fundamental que ella, en sustitución de Dios o por encargo de Él, simplemente estuviera allí. Si nada podemos hacer, si no podemos provocar nada mediante la acción ni con algún tipo de comunicación, puede ayudarnos el pensamiento sobre la sensación de desamparo y desmayo, ya que la ayuda que prestamos está reducida realmente a lo esencial, y en cierto modo quizás por ello podamos tener un efecto de ángel para el otro.

Al igual que lo amenazador, que lo funesto, también lo bello, lo conmovedor y lo valioso pueden provocar temor en su magnitud. No es de asombrarse que Tobit y Tobías se asustaran y cayeran frente a Rafael llenos de miedo cuando éste se dio a conocer como un ángel de Dios. Lo que Rafael les promete entonces con su bendición comprende todo lo que destierra los temores, lo que fortalece y da valor, y lo que brinda felicidad y confianza: "¡No temáis! ¡La paz esté con vosotros! ¡Alabad a Dios eternamente!"

Naturalmente, no podemos expresarnos de modo tan conciso como en estos buenos consejos cuando queremos fortalecer el valor y la confianza de una persona, especialmente cuando debemos lidiar con temores en mayor o menor grado irracionales de quien se confía a nosotros. Sin embargo, en la mayoría de los casos estos tres elementos serán lo esencial para fortalecer la espalda del otro.

La joven madre de un niño de tres años tenía serias dudas y temores a causa de los informes diarios en los medios sobre el terrorismo y la violencia. Nunca antes había sido tan consciente de la amenaza de nuestro mundo. Inclusive en sus sueños la perseguían los muchos peligros a los cuales podrían estar expuestos en el futuro principalmente los niños. La idea de desear un segundo hijo en una época así le resultaba atrevida, irresponsable. No obstante, este deseo emergía con insistencia una y otra vez en medio de todos los temores. Hablamos mucho acerca de sus miedos hasta que estuvo completamente segura: "El mundo siempre fue un lugar peligroso en los más diversos aspectos, y en muchos ámbitos también fue siempre el paraíso que junto a los demás podemos conformar. No podemos saber qué sucederá con referencia a lo que escapa a nuestra influencia directa", dijo ella, "sólo podemos contribuir a una vida lograda si permanecemos atentos y confiamos en nuestra intuición de modo que la paz y la seguridad que deseamos se verifiquen en nosotros y a través nuestro". Por lo tanto, pudo llegar al "¡No temáis! y al "¡La paz esté con vosotros!" Cuando la encontré dos meses más tarde, me abrazó sonriente y me dijo: "Estoy embarazada" y, a su manera, estaba incluido el "¡Alabad a Dios!"

Cuando Rafael se da a conocer a Tobit y a su familia como el ángel de Dios que es, presumiblemente en ese instante, lo habrían admirado como hacedor de milagros, habrían visto sólo su obra en lo bueno que experimentaron, si no lo hubieran rechazado aún antes de poder expresar este pensamiento. Él dice que no ha sido él quien quiso hacerles bien sino Dios que lo envió a él.

Cuando cierta vez agradecí desmedidamente a un médico porque gracias a su tratamiento me había librado de dolores que me atormentaban, él opinó secamente "lo transmitiré", y dirigió su mirada sonriente hacia arriba. También a mí mismo me gusta utilizar entretanto esta respuesta cuando alguien considera que debe agradecerme sólo a mí la resolución de sus problemas, y muchas veces pienso también en el ejemplo de Rafael.

Rafael actúa como uno de los siete santos que llevan la oración del hombre ante Dios. Él está con las personas que lo necesitan. Él ve su vida con todos los altibajos, con todos sus intentos de realizar lo correcto, él ve sus éxitos y sus fracasos, él ve el desamparo y la desesperación, y él está para las personas no sólo como compañero de viaje durante un tiempo sino de manera esencial en la medida en que fortalece y vivifica su relación con Dios. Él es alguien que toma en serio la fuerza del ruego. De esta manera, no se cortará simplemente su relación con Tobit y su familia, ya que algo se extenderá más allá del tiempo: su amable disposición plena de comprensión para rezar por aquello sanador para las personas a quienes se ha unido. Él seguirá fiel a su misión de llevar las oraciones ante Dios, especialmente cuando en medio de las vacilaciones y la desesperación las oraciones parecen no tener un objetivo.

Cuando me separo de una persona cercana e importante para mí, nuevamente Rafael es un ejemplo de una buena despedida. Inclusive cuando no puedo esperar que nos volvamos a ver, inclusive cuando ni siquiera continúe el contacto epistolar o telefónico, nunca nos abandonaremos totalmente, y la despedida no puede tener nada definitivo si nos apoyamos y acompañamos con nuestros buenos pensamientos y nuestras oraciones.

Cada vez que visito a mi madre –al día de hoy, cuando escribo esto, tiene 94 años de edad–, cuando voy a emprender el regreso la separación, siempre nos resulta difícil a pesar de que regularmente hablamos por teléfono. Siempre ronda la idea de que no podemos saber si realmente nos volveremos a ver. Por lo tanto, desde hace años es parte de nuestro ritual de despedida el asegurarnos: "De algún modo siempre estaremos cerca una de la otra". Ella generalmente agrega: "...incluso cuando yo ya no esté", y así sentimos que nuestra unión espiritual está afianzada en las oraciones y en los deseos afectuosos.

Rafael se interesa por algo más. Le pide a Tobit: "Escribe todo". Dejar por escrito todo lo que fue y se ha hecho esencial para nosotros, aquello importante para nuestro presente y futuro, si bien no puede reemplazar el acompañamiento de un compañero de viaje, en cierto modo puede asistirnos como un interlocutor ficticio. Si escribimos un diario, nunca estaremos totalmente solos con nuestros pensamientos, ya que allí siempre estará una parte de nosotros que pregunta y responde, que vuelve a disfrutar con nosotros lo vivido, que pide le contemos nuevamente lo hermoso y lo difícil, alguien que descubre uno u otro aspecto, alguien que tiene toda la paciencia del mundo con nosotros cuando estamos irritados, huraños o deprimidos, sí, inclusive cuando somos injustos o caóticos. A veces el escribir nos permite escuchar nuestra voz interior.

Por lo tanto, escribir sirve como posibilidad para no estar solo cuando no tenemos a nadie que nos acompañe y que pueda convertirse en un ángel para nosotros. Un joven hombre me contó acerca de otra posibilidad, de un acompañamiento muy cercano pero probablemente casi inadvertido para nosotros, de un fiel compañero de viaje que siempre está con él y que le brinda calma, valor, energía y sabiduría, justamente cuando está solo. Él dijo: "Un día comprendí que mi respiración me acompaña desde el primer instante de mi vida. Si presto atención a ella, hay algo que está para mí, en todo momento, inclusive por la noche cuando duermo. Si la acepto sin querer modificar su ritmo, me expresa algo de mi estado de ánimo, pero también me calma cuanto más tiempo simplemente atienda a la misma. Es sabia cuando me sumerjo en su mensaje y aprendo de ella a desprenderme de lo que no necesito y, luego, como en esta pequeña pausa entre la exhalación y la inspiración, siempre hago un alto para absorber todo lo que me hace bien. Da expresión a mi suspiro cuando algo me oprime el corazón y a mi respirar felicidad. Siempre está presente, aunque no piense en ella".

Otro simplemente imaginaba, cuando nadie a su alrededor le parecía ser un ángel o un compañero de viaje, que alguien estaba a su lado, alguien en quien confiaba, que lo comprendía y lo escuchaba sin interrumpirlo. ¿Un "ángel imaginario"? Entonces recordé la historia de la mujer que todos los días estaba sentada durante una hora en la iglesia vacía. Ella decía: "Durante este tiempo estoy en diálogo con Dios". A la pregunta respecto de qué le dice Dios a ella, opinó: "Nada. Él escucha con atención".

Reconocimiento

Comprender el sentido
al mirar hacia atrás

Cinco, seis meses después de este tiempo agitado, la actividad cotidiana se habrá hecho habitual. Sara instaló su nuevo hogar, Ana ya no necesitaba salir de la casa para ganar dinero, Tobit retomó su antigua rutina diaria, algunos de sus compromisos y tareas seguramente se los habrá delegado a su hijo, y Tobías se acostumbró a su nueva responsabilidad. La vida retornó a una normalidad que parece tener las mismas leyes que durante la época previa a la ceguera de Tobit.

Justamente entonces, cuando después de una experiencia decisiva, el equilibrio y la costumbre vuelven a regir nuestra vida, es el momento adecuado para determinar un lugar de emplazamiento. A ello corresponde la mirada hacia el camino recorrido, el agradecimiento y el aprecio de todo lo que alcanzamos o aprendimos, quizá también la conciencia del mensaje totalmente distinto que –contrariamente a las épocas anteriores– tenemos para el mundo, y finalmente la perspectiva del futuro en el que podremos concretar nuestro sentido redefinido.

Al observar el camino recorrido en los últimos años, Tobit recordará principalmente el tiempo desde su ceguera. Previamente, como él mismo lo describe, siempre se había atenido a los mandamientos de la verdad y la justicia. No obstante, en aquella época él percibía su vida claramente en oposición a los paganos, se percibía también totalmente en contradicción con sus correligionarios que ofrecían sacrificio a Baal en lugar de dirigirse a Jerusalén, como estaba prescripto, hermanos de fe que ni siquiera respetaban los mandamientos sobre los alimentos. Esta relación con su entorno se ha modificado. En la demanda de Rafael –para que alabe a Dios, dé a conocer las maravillosas cosas que Dios realizó en ellos y cuente acerca de la aparición de un ángel del Señor– están colocadas las raíces para una nueva dedicación hacia sus semejantes, una manera alegre y positiva de tomar contacto con ellos. Allí no queda lugar para lo que antes dominaba su vida, para el sentimiento de soledad en el camino hacia Dios, un camino del cual todos parecían haberse apartado.

Si antes ejercía la misericordia y daba limosnas por fidelidad a la ley, ahora lo hará con el corazón abierto y las manos abiertas, pleno de confianza, y cuando su corazón quede colmado de ello, sus manos nunca estarán verdaderamente vacías.

Antes perseguía la perfección, se esforzaba por el encuentro con Dios mediante las obras de la fe y la misericordia. Ahora comprobó y entendió que este encuentro no puede provocarlo el hombre, mucho menos obligar a que ocurra, sino que Dios estuvo todo el tiempo a su lado, que lo rodeó.

En aquel entonces, cuando sólo deseaba su muerte, sentimientos de culpa irracionales lo hicieron temer que, a través de su propio fracaso, había atraído la ira de Dios y que por esa razón sufrió dificultades y necesidad. Su yo estaba en primer plano en tal forma que necesitó del tiempo de su ceguera, de un tiempo en el cual ni siquiera exteriormente podía definirse por su acción, de modo que aprendió a dejarse conducir, también en la transformación y en los cambios, y comprendió como lo expresa el Maestro Eckehart, "que sólo quien se libera del yo, está listo para la gracia".

Si se trata de comprender el presente en sus valores y sentidos modificados, es esencial la pregunta acerca del camino que condujo hacia esta comprensión, ya que la visión de las propias estrategias de dominio puede servir también como una ayuda útil con posterioridad, en tiempos de procesos de aprendizaje difíciles.

Una joven pedagoga terapéutica reunió el valor para observar y elaborar dos historias traumáticas y dolorosas de su vida. En primer lugar se encontraba el *shock* tras una violación por dos hombres. Al principio había sido incapaz de hablar sobre el tema. Pero luego finalmente comenzó a dar cabida a su espanto, a su desesperación y a su furia. Todo aquello que estuvo imposibilitado de hacer en ese momento estalló. Ella lloró, gritó y pegó a su alrededor y, cuando finalmente se detuvo agotada, dijo con una voz muy tenue y diminuta: "Ahora recuerdo que mi padre abusó de mí, yo tenía tan solo seis años. ¿Por qué lo sé de nuevo recién ahora? ¿Cómo es posible olvidar algo así?" Pasó cierto tiempo hasta que entendió la función curativa de tal "olvido", es decir, de tal conveniente represión temporal, y también tardó cierto tiempo hasta que pudo alejarse lo suficiente de estas experiencias hirientes y humillantes como para ser libre para sí misma. Al mirar hacia atrás se sentía orgullosa de haber enfrentado este problema. "En el primer tercio de este camino", dice, "me provocó mucho esfuerzo observar y soportar las emociones. El segundo tercio estaba dominado por la búsqueda, las preguntas y el caos, y fue bueno no estar sola con mi inseguridad en cuanto a si existía realmente una salida". En un tramo tan complejo es prácticamente indispensable que alguien apoye la confianza en el proceso evolutivo como acompañante, alguien, que en cierto modo adopte la función del ángel que dice "No temas". "En la tercera porción del camino", tal como lo describió ella, "finalmente sentí que me volvía independiente, que comenzaba a ordenar las cosas, que surgían una nueva óptica y nuevos modelos con los cuales es posible vivir bien y convenientemente".

Otra mujer comparó con un paisaje su desarrollo a partir de comportamientos equivocados y errores hacia un nuevo orden. Ella describió cómo había luchado entre malezas y espinos, cómo atravesó luego un terreno pantanoso, angustioso y alarmante con una mezcla de inseguridad y decisión, feliz de no estar sola, y, finalmente, cómo escaló una elevación que le permitió ver libremente su vida para actuar con responsabilidad propia en forma clara y circunspecta. También ella opinaba que sola nunca se hubiera animado a este camino a pesar de saber que era ella quien debía transitarlo. Por lo tanto, la ayuda que prestamos como compañeros de viaje en estos tiempos de desarrollo y en estos procesos de aprendizaje, es a menudo irrenunciable, a pesar de que el trabajo propiamente dicho debe realizarlo la persona a quien acompañamos.

Toda esta recapitulación y rememoración ocupa un lugar importante en el camino. Sólo si volvemos a tomar conciencia de los tramos parciales y de los peldaños escalados, de los pasos de aprendizaje y de las experiencias, seguramente permanecerá fructífero para el futuro aquello que hemos vivido y dejado atrás.

Junto a la mirada hacia el camino recorrido, corresponde también el agradecimiento por los desafíos, por los tiempos oscuros y difíciles. Este agradecimiento generalmente es posible pasado cierto tiempo y adquiere mayor relevancia cuando lo compartimos con quienes lo transitaron con nosotros: las personas, los ángeles y Dios. Esto facilita que no sólo apreciemos lo que se ha transformado en nuestra vida sino también, más allá de ello, que podamos descubrir qué más podría existir para nosotros allí en cuanto a ejemplos de aprendizaje.

Una joven mujer llegó de este modo a su propia huella. Ella observó que continuaba sintiéndose molesta con sus colegas, cuando éstas realizaban justamente aquello que ella misma no se animaba a hacer, es decir, cómo se restregaba en la imagen reflejada de sus propias partes no vividas. Otra descubrió que sus hijos la ponían nerviosa cuando eran desordenados, o también su esposo cuando era desorganizado y no estaba dispuesto a planificar a largo plazo. Pero, como ella misma reconoció, eran todas debilidades suyas y, en la medida en que trabajaba en ellas se suavizaban cada vez más las superficies ásperas en su entorno.

Desde una perspectiva un poco distante, a veces se endereza la valoración del pasado de manera que podamos corregir una actitud fundamental. Un ejemplo de ello fue el panorama anual de una mujer cuyos hijos se habían convertido en adultos. Ella tenía la sensación de que los meses pasados habían estado marcados por los esfuerzos y los fracasos y que las perspectivas para el futuro eran correspondientemente oscuras. Cuando comenzó a anotar a la izquierda en una hoja los buenos acontecimientos y a la derecha los negativos, descubrió en primer lugar que desde principios de año había superado una superstición. Había pasado mucho tiempo desde que había dejado de estar convencida de que –al igual que su madre– moriría de cáncer. Ella era consciente de su salud y de la responsabilidad por su cuerpo, que tenía leyes y necesidades totalmente distintas a las de su madre. A ello se sumó el reconocimiento de que antes sólo se sentía querida cuando estaba enferma, pero que de ese modo sólo hacía la vida difícil para ella y para su esposo. Luego tuvo en claro lo fácil que fue reinsertarse en su profesión, y qué fuerte e independiente se sentía gracias a ello en la relación con su padre. "¿Qué puedo escribir en la otra columna? No se me ocurre nada, a lo sumo cosas que aún debo aprender pero eso no es algo negativo, ¿o sí?" preguntaba, y se respondía a sí misma sonriente: "¡Qué buen año ha sido éste, y es absolutamente correcto que mis hijos se hayan ido de casa, ¡mi vida está ahora tan completa!"

La vida de Tobit y de Tobías también había tenido una imagen opuesta antes del encuentro con Rafael; visión que consciente o inconscientemente le comunicaban a su entorno, era su mensaje a sus semejantes de que actuaban como ejemplo. Mucho de todo esto se modificó tras el regreso de Tobías y la curación de su padre.

En la disposición de Tobías a la misericordia se mezcla ahora un reflejo de la sanación que lo redimió de la ceguera. Su fervor religioso se tornó más amplio y benévolo a través de la experiencia de la gracia. La alegría que ingresó a su vida se transmite a las personas con quienes se encuentra. De tal modo, ahora tienen efecto a través de él mismo las cualidades del ángel. Y cuando Rafael dice que Tobit no debe solamente rezar, ser misericordioso y justo sino también "alabar y revelar magníficamente la obra de Dios", esto nos permite pensar en los ángeles que glorifican a Dios y cantan y juegan. ¿Pero por qué debería estar reservado esto exclusivamente a los ángeles en el cielo?

Su hijo, Tobías, estaba en su camino de maduración, el "camino del proceso de individuación", como lo denomina C. G. Jung, punto central de la actividad desde el primer encuentro con Rafael. A través de su partida y su viaje –ambos tanto en el sentido exterior como también interior– se produjeron cambios que no sólo lo afectaron a él mismo. Para ser él mismo en su singularidad, con una misión de vida totalmente propia, un objetivo de vida, eran necesarios trayectos y procesos temporales que el Libro de Tobit describe en forma condensada. Un proceso de desarrollo como el suyo requiere el tiempo adecuado para que, a través de pasos de crecimiento individuales, conduzca al hombre hacia su madurez precisamente a partir del campo de tensión entre la orientación hacia lo consagrado y la apertura a lo nuevo, entre la libertad y la fidelidad a sí mismo y la dedicación a sus semejantes. Es menester la visión clara sobre variedad de exigencias ético-morales, de deseos de corazón y solidaridad, del significado de los bienes materiales y de todos los demás elementos que se encuentran para una vida exitosa. La tradición seguirá desempeñando para Tobías un papel fundamental; las relaciones entre la salud espiritual y la física le serán más claras a él gracias al destino de Sara y Tobit; su disposición a ayudar, quizá inclusive su capacidad de permitir que ocurra la sanación, habrá crecido. Faltará mucho para que todo esto se convierta en un nuevo modelo, en su modelo de vida. Pero con su madurez recientemente adquirida, con los frutos de su aventura y sus vivencias, podrá acompañar a otros. Podrá apoyar y alentar a los demás con energía y una visión general, con las cualidades que conoció de Rafael.

Con la nueva conciencia que adquirió de sí misma como mujer, con su calidez y vitalidad, Sara actúa como una fuente de alegría de vida para aquellos a quienes encuentra. Su camino, al igual que el de Tobías, es un camino de amor. Ella ha encontrado para sí misma y por ende también para quienes le son confiados a ella, valor y seguridad para continuar consciente de su propia fuerza y dignidad, incluso ante las dificultades e imprevistos.

Para otras madres en su entorno, será Ana quien dé un ejemplo alentador a través del propio abandono de su preocupación temerosa y de que permite a su hijo —plena de confianza y seguridad— avanzar hacia su propia vida adulta e independiente. Con esta confianza en la fuerza propia de su hijo actúa de manera similar a Rafael cuando acompañó a Tobías en el viaje.

Un camino de maduración como el del joven Tobías puede llevar a encontrar la misión de vida propia y a comprender la tarea que la vida nos encomienda. Podemos así acercarnos al núcleo de nuestra esencia y al carisma que nos conforma. También podemos intentar verlo con la mirada hacia Dios para asumir una y otra vez la "misión del ángel", cuando lo sentimos, dado que, si después de un tiempo difícil que hemos superado, volvemos a mirar hacia atrás, seguramente emergerá la pregunta respecto de cómo podemos transmitir la energía transformadora que creció en nosotros en el encuentro con personas que se convirtieron para nosotros en ángeles.

Podemos preguntarnos en primer término cuál fue el mensaje que teníamos previamente para el mundo, qué efecto teníamos sobre nuestros semejantes. Si verificamos qué se ha modificado en ello, es un parámetro claro de la transformación que tuvo lugar en nosotros. Si la vida cotidiana no se desarrollara de modo muy distinto al anterior, seguramente no tomaríamos conciencia de este cambio y de sus nuevas posibilidades, y sería una pena. Quizá no percibíamos entonces dónde podíamos ser a veces ángeles para los demás, no nos percatábamos de las capacidades y los nuevos reconocimientos adquiridos con los cuales podemos tener un efecto de modelo, podemos acompañar a nuestros semejantes en los trayectos más o menos prolongados en los que estamos juntos, con algo más de atención que antes, actuando o recibiendo. Esto naturalmente no significa que con nuestro afán misionero encasquetemos nuestro saber sobre toda persona que encontremos, que nos abalancemos didácticos o sabihondos sobre nuestros semejantes. A menudo es suficiente con preguntar y responder con algo más de cuidado que antes, que, al igual que Rafael en el río, no intervengamos sino que le demos valor al otro respecto de sus propias aptitudes, que lo veamos con su belleza, sus fortalezas y talentos inherentes y que reflejemos para él esta imagen.

Por otra parte, también nosotros podremos percibir más fácilmente dónde nos encontramos con un ángel, con un Rafael disfrazado de Azarías. Muchas veces se tratará de alguien que ha experimentado por sí mismo tal acompañamiento y que ahora se convierte en nuestro compañero de viaje. Quizá lo descubramos entre aquellos que nos cuestionan, o que nos dan sugerencias o impulsos para disponernos para lo nuevo, que nos acercan un cambio de perspectivas o que nos alientan a observar nuestra vida en sus relaciones de sentidos, o que nos ayudan a redescubrir nuestra propia vitalidad. Tales compañeros que nos acompañan fugazmente o durante un tiempo prolongado, si aceptamos que sean nuestros maestros en su modo absolutamente particular, podrán ayudarnos a reflexionar sobre nuestra misión de vida o a hallarla y realizarla. Quizá puedan fortalecer nuestra autoestima, si nos observamos con sus ojos, y sencillamente a través del encuentro con ellos pueden llegar a nuestra fe, vida y riqueza de experiencias, ya que fe significa también estar dispuesto a sentir a Dios frente a nosotros como compañero de nuestra vida.

Las decisiones para la etapa siguiente y su realización también corresponden a esta fase de la mirada retrospectiva. Un periodista, por ejemplo, padre de dos hijos adolescentes, tuvo de pronto conciencia en este punto de su vida, de lo importante que era poner un fin definitivo a una antigua y malsana tradición familiar. Él no quería transmitir a sus hijos la visión negativa del mundo que traía de sus abuelos y sus padres. Él veía en su tendencia a emitir juicio de todo, a juzgar todas las cosas y condenar luego a todas las personas y las cosas con excesiva rapidez, la trama de la cual quería liberarse definitivamente para poder transmitir tolerancia a través de su ejemplo en forma confiable. Para él se convirtió en un ejercicio y a la vez en un juego divertido, el inventar historias con sus hijos acerca de las personas que observaban de lejos. A una pareja mayor que estaba sentada en un banco en la plaza la imaginaron en primer lugar como aburrida en su matrimonio, como dos personas que ya nada tenían que decirse, que secretamente perseguían sus fantasías sin permitir la participación del otro en ellas. Luego invirtieron el relato, tejieron una historia de amor para ambos en la cual estaban sentados uno junto al otro en silencio, felicidad y armonía, sumergidos en alegres visiones del futuro. Luego imaginaban a su vez que los dos recién se habrían conocido en la oficina de empleos, ambos sin trabajo habrían intercambiado aflicciones y desasosiego. Todas cosas que podrían haber sido así pero que probablemente no tuvieran relación alguna con la realidad. "El juego de los prejuicios" lo llamaban, y con él hacían saltar fácilmente las rígidas vías de pensamiento que habían dominado durante tanto tiempo a la familia.

Una maestra, que siempre en situaciones de crisis se había sentido sola, aprovechó la experiencia de un buen acompañamiento de viaje para "desde ahora reconocer como tales a los patronos y los ángeles". Y para ello no sólo dirigía su atención a las personas que encontraba diariamente, sino también a los muertos que, con su ejemplo, le podían dar valor o transmitir los mensajes correctos. "Mi tía Ana era una trabajadora fronteriza como yo", decía ella. "Cuando pienso en ella, la escucho decir: 'No te enloquezcas, mira hacia adelante, simplemente sigue', y esto me ayuda a seguir la senda".

Después de la visión retrospectiva y de la determinación del lugar, esto corresponde ya a la perspectiva y al resumen de aquello que se ha hecho importante para el futuro. Las preguntas que hasta ahora parecían demasiado complejas hallan antes su respuesta, preguntas tan "sencillas" como: ¿cuáles son los valores fundamentales para mí? ¿Cuál es el sentido de mi vida?" O preguntas acerca de nuestra ubicación en el entorno social: "¿Para qué soy importante en el mundo? ¿Y para quién? ¿Quién es importante para mí? ¿Para quién debería, puedo y quiero estar? ¿Quién es mi prójimo? ¿Qué puedo hacer por mi familia, qué por la sociedad y el mundo en el que vivo?"

Finalmente, también será el momento oportuno para permitir que surjan visiones del futuro creativas y colmadas de fantasía que nos den alas y nos impulsen hacia adelante en nuestro camino. Pero para poder aceptar con valor y libre de preocupaciones lo que viene hacia mí, puedo prepararme para responder a situaciones de crisis de modo tal que precisamente a través de ellas esté dispuesta para lo nuevo como Tobit, y así desarrolle una visión más amplia de posibilidades para una vida exitosa. Resulta útil aquí el pensamiento de avanzar hacia tales tiempos de aprendizaje sin la pretensión de perfección sino con la convicción de que puedo entregar consolada al Creador la perfección de lo fragmentario. Si además, al igual que el joven Tobías, me aseguro de los valores y reconocimientos constantes y confiables, estos me transportarán fuera de toda inseguridad.

Es útil, en cierto modo como anclaje, si conservo en mi mente el cambio de perspectiva que me ha sacado de una visión negativa. De este modo podré vincularme con mayor facilidad con los proyectos de vida exitosos, si traigo a la memoria mi actitud interna y externa en tiempos de reconocimiento y comprensión. Quizá la imagen de un paisaje de vida pueda servir aquí, si recuerdo esta situación. Una mujer describió un ejemplo de esto tras una lucha durante semanas contra depresiones profundas. Ella se veía en un paisaje amplio y verde, detrás de ella había áreas oscuras de canto rodado y paredes rocosas romas. Delante de ella había un camino soleado y cabañas próximas para hallar protección en caso de tempestades y tormentas. Sentía sobre su piel el ligero viento estival, percibía el dulce aroma del trébol blanco, escuchaba atentamente el canto de los grillos y disfrutaba la visión de todo lo que estaba frente a ella. Tales sensaciones, que se vinculan a experiencias positivas, se convertirán posteriormente, en tiempos de vacilaciones y dudas acerca de sí mismo, en la propia fuente de energía y confianza. Si nos relacionamos con tal visión retrospectiva, siempre podremos esperar que Dios nos envíe únicamente ángeles, aun cuando alguno no se presente como benigno e indulgente. Así como la raíz de los nombres Tobit y Tobías es *Tobijahu*, "Dios se revela como bueno".

Ambos contarán en el futuro una y otra vez acerca de sus vivencias y con ellas no sólo provocarán asombro y admiración. Muchos de quienes los escuchen reconocerán sus propias experiencias en sus descripciones y aprenderán a comprenderse mejor a sí mismos y a sus vidas.

De modo análogo he compartido mis historias con las personas a las cuales asistí como compañera de viaje, y ellas han compartido las suyas conmigo, historias que nos podrán servir como parábolas, como ejemplos alentadores o de advertencia. A veces hemos notado a través de la risa conjunta lo absurdo de ciertos acontecimientos y, al intercambiar nuestras experiencias, hemos descubierto los milagros cotidianos que quizá en otro momento hubiéramos pasado por alto.

Por esta razón, dedico este libro plenamente agradecida a todos aquellos que han compartido conmigo su camino y sus historias del camino.

Índice